AI와 영화 문화

AI문고

인공지능 시대입니다. 기계가 인간의 인지를 대신하고, 사물이 인간을 통하지 않고 다른 사물과 직접 커뮤니케이션합니다. 이에 따른 인간 삶과 문명 변화를 정확히 이해·예측·대응하는 것은 이 시대 우리 모두의 과제입니다. AI문고는 인공지능 기술과 환경의 여러 주제를 10가지 키워드로 정리합니다. 관련 개념과 이론, 학계와 산업계의 쟁점, 우리 일상의 변화를 다룹니다. 인간과 기술의 현재, 미래를 세심히 분석합니다.

일러두기

- 인명, 작품명, 저서명, 개념어 등은 한글과 함께 괄호 안에 해당 국가의 원어를 병기했습니다.
- 외래어 표기는 현행 어문규정의 외래어표기법을 따랐습니다.

처음이세요?

전문가세요?

AI와 영화 문화

김미림

대한민국, 서울, 커뮤니케이션북스, 2025

AI와 영화 문화

지은이 김미림
펴낸이 박영률

초판 1쇄 펴낸날 2025년 6월 19일

커뮤니케이션북스(주)
출판 등록 2007년 8월 17일 제313-2007-000166호
02880 서울시 성북구 성북로 5-11
전화(02) 7474 001, 팩스(02) 736 5047
commbooks@commbooks.com
www.commbooks.com

ISBN 979-11-7307-626-8 03500

책값은 뒤표지에 표시되어 있습니다.

차례

AI와 영화 문화

조지 오웰(George Orwell)의 소설 《1984》에서는 텔레스크린(telescreen)과 마이크로폰(microphone) 등 감시장치를 통해 24시간 동안 모든 행동과 대화들이 억압되고 통제된다. 가상 인물인 빅 브라더(Big Brother)는 여론을 조작해 당원들을 현혹시키는 등 사회를 통제하고 장악하며 절대적 권력을 드러낸다. 물론, 이러한 소설 속 이야기는 현실에는 존재하지 않는 디스토피아적 세계관을 그려 내지만 이제 더 이상 이것을 공상과학 이야기로만 치부할 수 없다.

오늘날 현대 사회는 인공지능이라는 새로운 기술 시대로의 진입을 앞두고 있다. 우리가 알던 이전의 인공지능기술은 협소인공지능(ANI, Artificial Narrow Intelligence)으로, 협소한 의미의 인식(classification), 예측(prediction), 군집화(clustering), 제어(control)와 같은 기법이었다(Kuusi & Heinonen, 2022; 오상훈, 2024). 나아가, 인간이 요청하는 모든 영역에서 마치 인간의 수준처럼 응답을 제공하는 범용인공지능(AGI,

Artificial General Inteligence)은 현재 상용되는 오픈 AI의 Chat GPT와 같은 최신 AI 모델을 일컫는다(Mostafa et al, 2023; 오상훈, 2024). 한편, 오픈AI의 최고경영자 샘 올트먼 등 IT 전문가들은 인공초지능(ASI, Artificial Super Intelligence)이라는 인간의 지능을 초월한 수준의 학습과 의사 결정력을 지닌 인공지능 기술의 미래까지를 전망한다(김민석, 2025). 미래학자 레이 커즈와일이 《특이점이 온다(The Singularity Is Near)》에서 언급했듯, 인공지능이 인간의 지능을 넘어서는 특이점의 시기는 훨씬 더 앞당겨질 것으로 보인다. 물론 이러한 현실은 그리 놀랄 만한 일은 아니다. 이미 우리는 수많은 영화에서 인간을 넘어선 인공지능 사회를 목격해 왔다. 그리하여 SF 영화에 그려진 인공지능 사회는 현존하지 않는 미래 인공지능 시대의 유토피아와 디스토피아 사회의 가능성을 제시하며, 인류와 기술의 공생과 경쟁 시대를 예견한다. 한편, 이러한 영화는 인공지능 캐릭터와 인간이 상생을 이루는 과정 또는 인류를 뛰어넘는 가히 파괴적인 능력을 갖춘 인공지능까지 그려낸다. 이처럼 우리는 영화로 인공지능과 인류의 미래를 예측한다.

그렇다면, 실제로 인공지능은 어느 지점까지 인간을 대체할 수 있을까? 지금까지 우리가 인공지능과 인간을 구분해 온 기준은 모호하지만 '인공지능은 인간처럼 생각할 수 있는가?'였다. 여기서 '생각'한다의 전제는 스스로 사고할 수 있는 능력을 갖추는 것이다. 그러나, 대체로 지금까지의 인공지능은 스스로 사고하기보다 '인간으로부터 어느 정도의 정보가 제공된'이라는 전제를 갖춘 시스템이었다. '인간처럼 생각한다'는 표현은 표면적으로는 드러나지 않는 비물질적인 것으로, 이를테면 사람의 마음, 정서와 같은 맥락이라 할 수 있다. 그러나 인공지능 시스템의 관점에서 사람의 감정과 관념은 수치화할 수 없는 것으로 '알 수 없음', 혹은 '없음'과 같다. 그러나 분명한 것은 인간의 감정과 관념 같은 추상적 개념들은 실재(實在)하지 않지만 실존(實存)한다는 것이다. 이러한 점에서 인공지능은 인간을 대체할 수 없는 존재로 여겨져 왔다. 그러나 현재의 인공지능 기술은 스스로 학습하고 추론하는 등 인간의 전반적인 기능을 모방하며, 이제 감정도 학습의 영역에 포함시켜 완벽하진 않지만 인간과 유사한 정도의 감정을 공유하고 제공하는 수준에 도달했다.

한편, 오늘날 영화 또한 첨단 기술 시대를 걷고 있다. 영화는 초기 발달사를 보더라도 기술에 많은 빚을 진 예술이었다. 더욱이 바쟁은 영화 매체의 본질이 현실의 완전한 복제라는 꿈에서 비롯한다고 설명한다. 그에 따르면 영화는 19세기에 빛을 본 모든 기술을 지배했던 신화적 완결체로, 세상을 이미지로 재창조해 완성되는 온전한 리얼리즘을 구현하고자 한 매체다(Bazin, 1962/2018; 김수연, 2019). 또한 바쟁은 영화와 기술 산업의 발전 관계가 어떤 가능성을 지닌 외부 조건들로서의 산업적 발견과 내부 작용의 우연한 만남으로 영화적 형식을 띄게 된 것으로, "관념이 현상으로 나타난 것"이라고 설명한다(Bazin, 1962/2018; 한상희, 2019). 이처럼 영화는 현실을 재현하기 위한 하나의 방식으로 기술을 채택해 현실을 가장 잘 포착한 하나의 시도인 셈이다. 결국, 영화란 비물질로서의 환영 또는 관념을 물질로 구현하는 과정에서 단지 기술을 차용했을 뿐이다. 다시 말해 기술이 곧 영화인 것은 아니다.

2020년 아카데미 시상식에서 봉준호의 영화 〈기생충〉(2019)이 작품상을 수상했다. 미국 시스템이 주류인 영화 역사에서 동양권 영화에 대한 평가는 제한적이었다. 그러나 〈기생충〉은 작품상을 포함해 주요 4개 부문의 수상을 거머쥐며 전 세계적으로 주목을 받았다. 수상 소감에서 봉준호 감독은 서브타이틀(자막)의 1cm 벽에 대해 언급한다. 이 벽은 언어적 한계로 통칭할 수 있으나 한편으로는 미국 시스템, 나아가 기술적 한계라는 의미까지 확대해 볼 수 있다. 한편 〈기생충〉과 함께 수상 후보에 오른 샘 멘데스의 영화 〈1917〉(2019)은 제1차 세계대전을 다룬 영화로 〈기생충〉에 비해 훨씬 더 많은 자본과 기술이 투입됐다. 그러나 아카데미는 봉준호 감독의 손을 들어줬다. 〈기생충〉에는 봉준호 감독만의 영화적 언어와 정서가 존재한다. 바쟁이 말한 완전 영화를 위한 시도인 셈이다. 언어와 기술의 발전은 영화의 본질을 보조할 뿐, 영화의 중심에는 재현하고자 하는 감독의 가치가 있다. 봉준호 감독이 작품에서 보여 준 영화의 본질이자 현실(자본주의)은 기존과 다른 장르적 변주를 실행했으며, 아카데미는 그의 영화적 시선과 도전을 받아들인 셈이다.

여전히 영화 산업에는 다양한 기술이 접목되고 있다. 촬영 장비의 고급화를 시작으로 화면을 재현하는 디스플레이 형태도 다양해졌다. 더불어, 사람의 손을 거치지 않는 자동화 기술도 선보이고 있다. 이제는 SF 영화 속 배경이 현실이 되듯, 인공지능이 직접 영화 시나리오를 작성하고, 배우의 얼굴을 학습한 AI가 실제 배우의 연기 장면을 구현한다. 그러나, 인공지능의 크나큰 성장에도 불구하고 우리는 이러한 결과물에 묘한 거부감을 느끼

곤 한다. 앞선 바쟁의 논의처럼, 영화의 역사는 현실의 환영을 구현하기 위해서 기술의 형편에 맞추어 구현해 온 것이다(한상희, 2019). 이 점에서 영화는 기술의 발달과 맞물려 성장하는 자연스러운 과정을 겪게 되었고, 오늘날 영화의 존재를 흔드는 인공지능의 반란 또한 영화 역사의 서사 중 일부로 여겨진다. 일각에서는 인공지능이 인류의 모든 영역을 침범할 것이라 단언하지만 영화만큼은 여전히 인간의 존재가 더욱 빛을 발하는 영역일 것이다. 고도화된 카메라 기술은 때로 좋은 시각 화면을 구성하겠지만, 본질적으로는 기술로 구현된 스크린(기계 화면)과 관객과의 물리적 거리를 채워야지만 그것이 비로소 영화이기 때문이다. 발생한 틈을 채워가는 것은 영화의 본질이며, 기술이 결코 범접하지 못할 성역이다. 그러나 한편 먼 훗날 인공지능이 만든 영화는 인간이 만든 영화와 견줄 정도로, 어떠한 차이를 느끼지 못할 만큼 완성도를 갖추게 될지도 모른다. 이러한 변화 앞에서 공고히 해야 할 것은 미래 영화 산업을 예측하고 대비하는 것이다. 현재 영화 제작과 활용에 논의되는 사안들은 많은 논의를 필요로 한다.

이 책은 영화를 통해 인공지능의 미래를 예측하고, 그러한 변화를 통한 시대의 특성과 본질을 탐구함으로써 초고도화 된 인공지능 기술 시대를 맞이하고자 한다. 이 책의 내용은 다음과 같다. 먼저 인공지능 기술 발전에 따른 예술 장르의 미래를 예측하고 살펴봄으로써 인문사회학적 입장과 윤리적 문제를 고찰한다. 예술 분야 중 특히 영화의 사례를 통해 인공지능 시대의 사회적 논의와 철학적 사유를 발견한다.

책에 소개된 영화 및 영상 자료는 최근 새롭게 떠오른 윤리, 도덕, 인문학, 예술 분야의 다양한 쟁점을 접할 수 있는 자료들로 구성했다. 특히 영화가 예견한 인공지능의 미래 사회를 살펴보고, 영화에 등장하는 인공지능 캐릭터를 통해 인간과 인공지능이 갈등하고 화합하는 과정을 소개한다. 각 장에 소개된 영화, 영상 자료 및 기타 통계 보고는 검증된 출처와 자료를 기반으로 작성했으며, 추후 논의에 따른 상황 변동 가능성을 염두에 둔 사안 제시에 목적을 둔 도서로 활용되기를 원하는 마음으로 객관적 시선으로 분석하고 논했다.

1장 "영화와 AI"에서는 '영화란 무엇인가'라는 근원적 질문을 통해 영화를 사유한다. 앙드레 바쟁의 논의를 통해 영화의 속성을 제시함으로써 영화의 본질을 성찰한다. 한편 지가 베르토프의 영화 〈카메라를 든 사나이〉의 '카메라-눈'을 통해 기계를 통한 영화적 시선을 살펴본다. 또한, 발터 베냐민의 '아우라(Aura)' 개념을 통해 인공지능 시대 예술의 의미를 되짚어 본다. 더불어, 인공지능의 개념과 AI 예술의 개념을 살펴보고, 영화와 기술의 상관관계를 질베르 시몽동과 베르나르 스티글레르의 기술철학을 통해 기술 발전에 따른 인공지능의 영향력에 대해 사유해 보고자 한다.

2장 "AI 시대의 예술"에서는 고대 철학자이자 예술가인 아리스토텔레스가 《시학》에서 언급한 모방(미메시스, mimesis) 개념을 통해 예술 창작의 철학적 의미를 밝힌다. 또한 미국 심리학자 미하이 칙센트미하이의 '창의성' 개념과 함께 20세기 초상 사진 기록을 남긴 아우구스트 잔더의 사진 작업을 살펴봄으로써 예술의 근원적 개념을 검토하고, 인공지능으로 생성한 예술의 모방 행위에 대한 사회적 변화와 인식에 대해 논의한다.

3장 "창작과 빅데이터"에서는 요하네스 구텐베르크의 금속활자 인쇄술이 지식 대중화에 큰 진보를 이룬 역사적 사실처럼, 인공지능 기술이 어떠한 문명 발달을 가져올 것인지 살펴본다. 〈매트릭스(The Matrix)〉(1999)는 기술 혁신에 의한 미래 사회를 상징적으로 보여 준다. 한편, 빅데이터 기반으로 생성된 예술적 가치와 의미를 살펴보고 인간의 창작 예술과 미래를 예측한다.

4장 "AI 자동화 기술과 OTT 플랫폼"에서는 알고리즘을 기반으로 자동화된 콘텐츠를 제공하는 OTT 플랫폼 사례를 통해 인공지능 기술 발전에 따른 OTT 플랫폼 변화와 그 의미를 살펴본다. 더불어, 기술 발전으로 주목받는 용어인 태거(Tagger), 빈지워칭(Binge-Watching), 필터버블(Filter Bubble)을 통해 향후 OTT 플랫폼의 긍정적 변화와 감상자의 능동적인 콘텐츠 선택의 필요성을 일깨우고자 한다.

5장 "관객과 AI"에서는 새롭게 변화하는 미디어 행태를 통한 다양한 사유를 통찰한다. 넷플릭스 오리지널 시리즈 〈오징어 게임〉(2021)의 시대적 의미와 작품 특성을 사유하고, 변화한 시청층의 특성을 파악한다. 한편, 새로운 인류 형태로 급부상한 '포노 사피엔스(Phono Sapiens)' 세대를 설명하며 포노 사피엔스의 관점에서 바라보는 새로운 형태의 콘텐츠 제작 필요성을 강조한다. 나아가 인터랙티브 영화를 통한 콘텐츠 의미의 확장, 관람자가 내용을 선택하는 과감한 시청 방식 등 향후 영화와 영상 제작의 새로운 패러다임을 예측한다.

6장 "영화 산업과 AI"에서는 인공지능을 통한 영화 산업의 변화를 예측해 본다. 특히 코로나로 인한 전 세계적 마비로 모든 산업이 온라인으로 대체된 사례를 통해 인공지능이라는 급속한 기술 발전에 대한 선제 대응의 필요성을 살펴본다. 더불어, 인공지능을 통한 새로운 패러다임이 대두한 미술과 영화 사례와 그 밖의 산업 변화를 통해 인공지능 기술의 적절한 활용 방향을 제시한다.

7장 "영화와 AI 사회"에서는 인간과 기계의 상호작용에 기반한 '사이버네틱스(Cybernetics)' 개념을 통해 인간과 기술을 바라보는 다양한 관점과 시도를 살펴본다. 영화 〈아이언맨(Iron Man)〉(2008)은 인공지능 기술과 인간의 융합 가능성을 보여 줌으로써 기술과 인간의 상호 보완 관계라는 긍정적 가능성을 제시한다. 영화 〈마이너리티 리포트(Minority Report)〉(2002)를 통해서는 인공지능의 오류를 맹신하는 사회와 인류의 존엄성이 파괴된 시대를 가늠해 본다. 영화 〈원더랜드〉(2004)를 통해서는 가상현실인 원더랜드 재현이 보여 주는 인간의 유한성과 기계의 무한성이라는 대비된 가치에서 드러나는 인간과 기계의 상호 관계에 대해 논의한다.

8장 "영화 속 AI 캐릭터"에서는 '약인공지능(Weak AI)'부터 발전한 '강인공지능(Strong AI)'까지의 변화를 영화 속 인공지능 캐릭터를 통해 분석한다. 영화 〈2001: 스페이스 오디세이(2001: A Space Odyssey)〉(1968)는 인간의 통제를 넘어선 인공지능의 위험을 상징적으로

드러낸다. 영화 〈엑스 마키나(Ex Machina)〉(2015)는 인간다움을 자처하는 인공지능을 인간으로 볼 것인지에 대한 인문학적 물음을 제기한다. 2025년 미국을 배경으로 한 영화 〈그녀(Her)〉(2015)를 통해 동시대 인공지능의 발전과 변화를 살펴보고, 인격을 갖춘 운영체제를 영화와 실제 사례를 통해 검토한다.

9장 "인공지능 영화 제작의 윤리적 쟁점"에서는 향후 빈부격차가 자본 획득의 차이가 아닌 정보에 따른 디지털 빈부격차가 될 것이란 전망과 함께 인간 소외와 같은 비윤리적 행태를 다룬다. 오픈AI는 인공지능 콘텐츠 분류 업무에 저임금 노동자를 투입한 사례를 보여 주며, 편향된 정보와 무작위로 생성된 정보의 오류에 따른 잠재적 범죄 악용성과 위험성을 예견한다. 인공지능에 의해 인권을 침해받는 인류의 미래를 보다 더 안전하게 보호할 수 있는 권리와 의미에 관한 규제를 함께 살펴본다.

10장 "AI와 영화의 미래"에서는 인공지능의 미래를 예견해 본다. 앞으로의 인공지능은 인간과 같은 사고와 감정을 일종의 학습 데이터로 분류함으로써 시급한 윤리적, 도덕적 쟁점에 빠르게 적용되고 변화를 보이게 될 것이다. 한편, 미래학자 거드 레온하드의《기술 대 인간》에서 볼 수 있듯 미래 사회는 인류가 어떠한 방식으로 접근

하냐에 따라 정반대의 미래를 그려낼 것이다. 대개 SF 영화를 통해 볼 수 있듯 기계에 의지하는 사회는 유토피아와 디스토피아라는 두 가지의 양립된 모습을 보인다. 영화 예술은 인공지능 기술에 관한 여러 문제와 논의가 불거지고 있는 분야다. 과거 바쟁의 논의처럼, 영화는 언제나 영화적 관념을 산업적 발견을 통해 실현해 왔다. 인공지능은 영화 산업의 위기론에서 나아가 대처와 적용이라는 새로운 대안을 필요로 할 것이다.

참고문헌

김민석(2025.1.4.). "'초인공지능·일반인공지능' 차이점은… 쏟아지는 용어에 관심". 뉴스1.

김수연(2019). "디지털 시네마가 구현하는 리얼리티의 두 경향: 〈그래비티〉 와 〈로마〉 를 중심으로". 《영상문화》, 34, 138쪽.

오상훈(2024). "ChatGPT의 원리, 활용, 한계와 업무효율화". 《지식과교양》, 14, 687~689쪽.

한상희(2019). "영화의 경계와 영화사 서술의 방법: 앙드레 바쟁의 완전 영화의 신화와 푸코의 역사론을 경유하여". 《영화연구》.

Bazin, A.(1962). *Qu'est-ce que le cinéma?*. Éditions du Cerf. 김태희 옮김(2018). 《영화란 무엇인가?: I. 존재론과 언어》. 퍼플.

Kuusi, O. & Heinonen, S.(2022), Scenarios from artificial narrow intelligence to artificial general intelligence: Reviewing the results of the International Work/Technology 2050 study.

World Future Review, 14, pp.65~79.

Mostafa M., et al.(2023). Will affective computing emerge from foundation models and general artificial intelligence?: A first evaluation of ChatGPT. *IEEE Intelligent Systems, 38*, pp.15~23.

01
영화와 AI

영화의 본질을 탐구하기 위해 바쟁의 철학적 사유를 살펴보고 다양한 이론가를 통해 영화 예술의 기계적 재현과 시선에 주목한다. 한편, 인간의 뇌 구조를 유사하게 재현한 인공지능 기술의 특징과 개념을 살펴봄으로써 인공지능이 보조하는 영화의 기술적 한계와 인간의 욕망에 대한 철학적 사유를 논의한다.

AI와 1인 창업?

영화란 무엇인가?

고전 영화 이론을 대표하는 앙드레 바쟁은 '완전 영화'란 형이상학적인 형태로써 존재하며, 미학적 성취를 이루고자 하는 인간의 욕망을 담아내야 한다고 정의한다. 그는 영화란 단지 형이상학적 구조만을 갖는 것이 아니라, 구조 속에 "에센스(essence)"라는 본질적 속성을 포함해야만 영화로서의 정체성을 지닌다고 보았다. 바쟁이 말한 '현실 모방'이라는 리얼리즘적 관점에서 영화를 살펴보면, 영화는 일종의 물리적 지표로서 흔적을 남기는 리얼리즘의 일환이며, 미학의 욕망이 되는 에센스이자 본질을 담는 작업인 것이다. 또한, 영화 이미지는 카메라 렌즈를 통해 개입된 리얼리즘적 환영 이미지로 각인되며, 이는 기술적 완성도가 아닌 이미지에 생략된 부분을 통해 전달되는 관객의 주관적 감각에 의한다(한상희, 2019). 특히, 바쟁이 언급한 네오리얼리즘 영화의 '리얼리즘' 이란 주제의 리얼리즘이 아닌 카메라 렌즈를 통한 행위적 리얼리즘으로 읽을 수 있다. 이는 작품에서 제시된 존재와 사실을 가지고 속임수 없이 관객 자신의 정신이 결정하게 하는 것이다(Bazin, 1962). 바쟁에 따르면, 영화는 카메라 개입을 통한 기술적 재현 과정에서 롱테이크(long-take), 딥포커스(deep-focus) 등의 영상 미학을 통해 현실의 의미를 기계적으로 재현하는 과정을 보여 준다. 그리고 관객은 현실의 의미를 선명하게 또는 흐릿하게 보여 주는 기술적 재현 방식에 따른 예술적 표현을 통해 영화의 본질을 구체화한다.

한편 발터 베냐민(Walter Benjamin)은 『기술복제시대의 예술작품』에서 영화가 현실을 드러내는 방식에 대해 설명한다. 베냐민에 따르면 영화는 사회적 변화를 가장 진보적 형태로 제시하고 있는 예술이다(발터 베냐민, 2007). 이러한 점에서 영화는 가장 진보된 기술의 형태를 일컫는 예술로써 기계 장치를 통한 새로운 창조를 가능케 한다. 즉, 영화의 예술적 재현은 현실과 기계장치의 집중적 상호침투과정이자 결과인 것이다(이정하, 2022). 그는 영화란 인간의 시각 경험이 아닌 또 다른 고차원적 현실을 재현한다고 보았다. 고차원적 현실이란 과거 인간의 눈이 닿지 않는 영역을 포착해 고찰하는 시각적 경험을 말한다. 이러한 점에서 영화는 카메라 렌즈를 통해 인간의 시각을 대신해 새로운 시각 이미지를 구축한다. 이 점에서 베냐민은 영화적 지각의 '충격 효과'는 예술의 새로운 정치적 실천 가능성이라는 '긍정적 형태'을 제시한다고 주장한다(이정하, 2022). 이렇듯 영화 예술은 현실을 새로운 방식으로 구현함으로써 인간의 사상과 관념을 카메라를 통해 포착하게 된다.

영화가 현실을 어떻게 포착하는지를 보여 주는 대표적인 영화로 지가 베르토프(Dziga Vertov)의 〈카메라를 든 사나이(Man With A Movie Camera)〉(1929)가 있다. 베르토프는 영화감독이란 불완전한 인간의 시선을 대신함으로써 카메라의 완전한 시선을 통해 "세계의 느낌(The Feel of The World)"을 기록하는 것이라고 말한다(전평국 · 김노익, 2010). 이윽고 거리로 간 베르토프의 카메라는 인간의 한계를 초월한 기계적 눈으로서의 카메라, 즉 "키노-아이(Kino-Eye)"를 실천한다. 베르토프는 키노-아이가 인간의 한계를 보완함으로써 인간의 눈이 갖는 왜곡과 한계를 넘어 진실의 영역에 도달한다고 생각했다(전평국 · 김노익, 2010). 실제로 그의 카메라 렌즈는 인간의 주관적 경험을 배제한 채 일상을 해체하고 그것을 새로운 이미지로 직조하는 과정을 거친다. 마치 기계로 실을 엮어 천을 직조하는 공장 노동자의 삶을 보여 주는 것처럼 영화 속 현실을 몽타주 기법을 통해 일종의 기계적 분할과 통합의 형태를 구성한다. 이러한 점에서 베르토프의 영화 작업은 기계적 재현을 통해 현실을 기록하고자 하는 점에 주목한다. 영화란 현실을 담아내는 물리적 도구로써 진실을 추구하는 미학을 포함한 예술적 실천이라고 볼 수 있다. 이로써, 영화는 인간의 눈(현실)을 모방한 카메라의 눈(재현)을 통해 인간의 욕망(진실)에 더욱 가까워지는 과정을 보여 준다.

AI의 탄생

1950년 앨런 튜링(Alan Turing)은 "계산 기계와 지능(Computing Machinery and Intelligence)"이라는 논문을 통해 '튜링 테스트(Turing Test)'를 제안하며, 기계가 마치 인간처럼 대화할 수 있다면 그러한 기계를 지능적이라고 볼 수 있다는 논의를 제시한다(이규택, 2024). 이후 1956년 인공지능(Artificial Inteligence)이란 용어는 미국 다트머스대학교의 존 매카시(John McCarthy) 교수가 개최한 다트머스학회(Dartmouth Conferences)에서 처음 사용되었다(김현정, 2020). 21세기에 들어서면서 딥러닝(deep leaning)과 같은 신경망 구조(neural network) 알고리즘을 통해 인공지능 연구는 더욱 활발해졌다(장민, 2023). 그리고 현재까지도 인공지능은 인간의 추론 및 학습 능력과 유사한 사고 능력을 컴퓨터를 통해 인공적으로 재현하는 과학 기술 분야로서 끊임없는 성장을 이루고 있다.

인간의 지능이 타고난 자연 지능(natural intelligence)

라고 한다면, 인공지능은 인간의 지능을 인공적 기술을 통해 인위적으로 설계한 형태를 의미할 것이다.

이렇듯 오늘날 인공지능은 과연 기계가 인간처럼 사고할 수 있는지에 대한 질문에서 발전해 사회 전반에 걸친 기술로서 적용되고 있다. 이는 앨런 튜링이 제안한 "인간 같은(Human-Like)" 언어 사용 개념을 실제 현상으로 만들며, 인간과 기계의 존재론적 차이라는 경계를 허무는 현상을 보였다(김종우 · 김동재, 2023). 인공지능은 새로운 시대로의 진입을 예고하며, 빅데이터 시대의 최적화된 학습 알고리즘을 구축함으로써 인문, 사회, 과학 등 다양한 분야에 접목될 것으로 예측된다.

한편 인간은 어떠한 상황에 대해 스스로 문제를 인지하는 과정에서 과거의 경험과 지식에 기반해 자가 학습을 이루고 해결 방안을 모색한다. 해결 과정에서 중추적 역할을 하는 것이 바로 신경가소성(neuroplasticity)이다. 신경가소성은 유기체가 지닌 신경계의 속성으로, 가소성을 통해 새로운 경험을 기반으로 학습을 이루고 기억하게 하는 생물학적 기전을 말한다(조선영 · 김보연 · 한승기 · 김현택, 2002). 예를 들어, 어린아이는 언어를 배우는 과정에서 새로운 언어 자극을 통해 반복 학습한 것으로 기억을 이루어 뇌신경 사이 연결을 강화하고 특정 정보가 뇌의 구조적 일부에 자리 잡게 된다. 인간은 인공지능과 달리 예측되지 않은 환경에서도 스스로 반응하고 학습을 이뤄 뇌의 신경 회로를 최적화한다. 이에 따르면, 인공지능의 딥러닝 기술을 이러한 인간의 신경 가소성을 모방한 재현 기술로 살펴볼 수 있다.

이처럼, 인공지능은 인간의 지능을 모방함으로써 주어진 문제를 능숙하게 조작할 수는 있으나, 사전 학습 가능한 데이터가 없다면 이 또한 유명무실한 시스템이라고 할 수 있다. 이처럼 인공지능과 인간의 지능은 본질적으로 다른 기제로 작동한다.

영화와 기술철학

영화는 내러티브(narrative)를 중심으로 일련의 의도된 이미지를 병치시킨다. 이렇듯 영화는 비물질성이라고 할 수 있는 개념과 사상 및 생각과 사유를 물성을 지닌 스크린(이미지의 상이 투영된 일종의 물리적 재현으로서의 기술 환경)을 통해 보여 준다. 영화는 인간의 눈으로 포착된 현실 이미지, 카메라 렌즈를 통한 기계적 시선의 이미지, 투영된 상으로서의 스크린 이미지와 마지막으로 관객 개인에게 내재된 기억 속 이미지와 같은 순서로 사유되는 일련의 과정을 거친다. 이는 우리가 영화를 지각하기 위한 과정이 인간과 기술 사이에 이뤄지는 상호 네트워크적 관계에 있다는 사실을 보여 준다.

한편, 질베르 시몽동(Gilbert Simondon)은 도구적 기계에서 나아가 인간과 기계의 상호작용적 관계 맺음을 언급한다(오연희, 2022). 그에 따르면, 인간은 기억을 고정시키는 기술이 상당히 부족하지만 기계의 기억은 충실한 보존에 유용하다는 점을 들어 인간과 기계의 짝짓기 혹은 앙상블이 가능하다고 주장한다(유원준, 2022). 더불어 시몽동은 정신 기술을 통해 기술이 단지 기존 체제의 반복과 재생산에 의한 고립적 개별화(individualisation)에 한정해 활용될 경우 부정적이지만, 창발적 개체 초월성(transindividualite)의 단계에 이르면 보다 긍정적으로 활용된다고 설명한다(Simondon, 2011).

나아가 베르나르 스티글레르(Bernard Stiegler)는 앞선 시몽동의 견해인 인간과 기계의 협력 네트워크에 덧붙여 인간의 진화 조건으로 기술을 주요 요인으로 꼽는다. 인간의 진화에 기술의 결합은 필수 불가결한 존재로 여겨지며, 이때의 기술은 단순한 도구라기보다 인간의 결핍을 보충하는 보철(prosthetics)의 형태이기 때문이다(이지훈, 2014). 스티글레르가 언급한 기술 개념은 일종의 과학 기술을 의미하는 테크놀로지(technology)에

국한되지 않고, 원시적 도구 기술을 포함한 글쓰기나 사진 및 영화와 같은 '기억 기술'에 이르는 인간 행위 전반적 기술 행태를 포함한다(이지훈, 2014). 여기서 기억 기술이란 책, 라디오, TV, 인터넷, 컴퓨터와 같은 정신에 대한 기술로, 인간의 정체성에 깊게 관여되기 때문에 오늘날 디지털 기술 사용이 잦은 인간의 뇌 연결 회로 또한 설명할 수 있는 개념이다(Stiegler, 2013).

오늘날 인공지능 기술은 인간의 한계를 넘어서서 무한한 정보를 획득하도록 돕는 '기억 기술'의 영역으로 볼 수 있다. 현재 인류에게 인공지능이란 인간의 능력으로는 바라볼 수 없는 영역의 정보를 지각할 수 있도록 하는 보조 수단이다. 실제로 영화는 인간의 '눈'을 보조하는 역할로서 '카메라 렌즈'라는 기술을 바라보게 된다. 이때 인간의 눈은 더욱 많은 것을 보기를 욕망하게 되는데, 이러한 욕망을 해소하는 과정에서 인간은 기계 기술을 보조적으로 차용함에 따라 새로운 영화적 경험을 할 수 있다. 그러나 인간이 지닌 비물질적 가치들, 흔히 감정과 윤리 등의 물성으로 환원하기 어려운 가치들은 어떠한 형태로든 아직 구체화 되지 않는다는 점에서, 인공지능이 아닌 인간만이 지닌 고유한 특질이라 할 수 있다.

참고문헌

김동우·김동재(2023). "인간 같은 인공지능 연구의 새 방향: 다층위적 해석학의 필요성을 경유하여". 《인공지능인문학연구》. 15, 67쪽.

김현정(2020). "인간을 닮은 기계: 인공지능: 인공지능 창시자 앨런 튜링을 기리며". 《AI와 인간사회》. 1(1), 10쪽.

발터 벤야민(2007). 《기술복제시대의 예술작품/사진의 작은 역사 외》. 최성민 옮김. 도서출판 길.

오연희(2022). "기술적 대상들의 인간화, 혹은 기술적 대상과 관계맺기: 질베르 시몽동의 《기술적 대상들의 존재양식에 대하여》 읽기". 《리터러시연구》, 13(3), 649~653쪽.

유원준(2022). "인간-기술 네트워크에 의한 지각 및 기억의 외재화 연구: 피에르 위그의 〈제 3의 기억〉을 중심으로". 《영상문화》, 41, 164쪽.

이규택(2024). "인공지능의 역사와 미래". 《미래성장연구》, 10(1), 129쪽.

이정하(2022), "벤야민의 아우라 개념에 대한 재해석과 영화의 역량에 관한 고찰", 《영화연구》, 93, 313~335쪽.

이지훈(2014). "기술과 생태학의 융합적 통찰 : 가타리와 스티글레르". 《인문학논총》 34, 3~4쪽.

장민(2023). 『챗 GPT 기회를 잡는 사람들』. 알투스.

전평국·김노익(2010). "소비에트 무성영화의 지가 베르토프 영화이론: 세르게이 에이젠슈테인의 몽타주론을 비교중심으로". 《한국콘텐츠학회논문지》, 10(8), 149쪽.

조선영·김보연·한승기·김현택(2002). "학습에 따라 나타나는 신경가소성의 통계적 특성 및 비선형 특성". 《한국뇌학회지》, 2(2), 119쪽.

프란체스코 카세티(2012). 《현대영화이론: 1945~1995의 영화이론》. 김길훈,김덕수,김건 옮김. 한국문화사.
한상희(2019). “영화의 경계와 영화사 서술의 방법: 앙드레 바쟁의 완전 영화의 신화와 푸코의 역사론을 경유하여”. 《영화연구》, 81, 77쪽.
Bazin, A.(1962), *Qu'est-ce que le cinéma?*. Éditions du Cerf. 김태희 옮김(2018). 《영화란 무엇인가?: III. 영화와 사회학》. 퍼플.
Stiegler, B.(2013). *Pharmacologie du front national*. Flammarion.

02
AI 시대의 예술

고대 그리스 철학자 아리스토텔레스는 단순 모방이 아닌 창조적 행위로서 예술을 높게 평가한다. 예술은 한 시대의 추상적 개념을 행위 또는 물질로 담아내 시대를 대변한다. 그렇다면 AI 기술을 통한 예술적 모방이란 개인과 사회적 견해, 나아가 인간 내면의 추상적 의미까지 모방할 수 있을 것인가? 미하이 칙센트미하이의 창의성 개념과 아우구스트 잔더의 초상 사진을 통해 예술의 의미를 살펴보고, 인공지능 예술의 현주소를 고찰한다.

AI와 MBTI?

예술과 모방

고대 그리스 철학자 아리스토텔레스는 《시학(Poetics)》에서 문학의 존재론적 가치를 탐색하고, 이를 '모방(mimesis)' 개념을 통해 인간의 타고난 본능으로서의 창작 행위를 설명한다. 또한, 모방 개념은 플라톤의 《국가(Republic)》에서도 살펴볼 수 있는데, 플라톤과 아리스토텔레스가 인식한 모방 개념은 대조적이다. 플라톤은 예술의 '모방' 능력으로는 절대적 가치의 실체인 '이데아(Idea)'로의 접근이 불가능하다는 입장을 통해 모방 행위를 사물의 외관을 모사하거나 복사하는 기술적 개념으로만 치부한다(구본철, 2011). 반면, 아리스토텔레스의 모방은 사물을 본래보다 더욱 아름답게 표현할 수 있는 '고유의 창작 활동'을 의미하며, 모방 그 자체로서의 즐거움을 지닌다(구본권, 2020). 더욱이 아리스토텔레스는 인간이 다른 동물들과는 달리 모방이라는 행위를 어릴 적부터 가진 고유한 본능으로 설명하며, 인간이 학습의 욕망을 지녔고 모방에서 큰 만족감을 느낀다고 구체화한다(김태환, 2011). 현대 예술의 창조 행위는 높은 진리와 가치를 추구하는 다양한 예술 활동의 근간이 되었다. 특히 현대 예술은 모방 개념을 단순한 기술적 모사로 이해하지 않고 본질의 의미를 복원하는 행위로 재해석함으로써 원본의 가치를 새롭게 '재현(representation)'한다. 이러한 점에서 예술적 모방이란 대상을 원본 그대로 복사하는 것이 아니라 새로운 해석과 배움을 통한 학습의 결과다.

현대 예술은 과거 예술과 달리 기술 발전의 영향으로 원본을 그대로 옮기는 복사(copy)가 수월해졌다. 필연적으로 인간의 수고가 필요했던 과거의 모방과는 달리 인공지능 기술을 활용한 모방은 즉시 결과를 만들어 내기 시작한 셈이다. 과연, 우리가 인공지능의 모방 기술을 예술 창작 행위로 간주할 것인지는 새롭게 논의되어야 할 사안이다.

창의적 예술

미국의 심리학자 미하이 칙센트미하이(Mihaly Csikszentmihalyi)는 《창의성에 대한 시스템 관점(A Systems View of Creativity)》에서 창의성이 사회, 문화 및 개인과의 상호 작용을 통해 발생한다고 설명한다(Csikszentmihalyi, 1988). 그에 따르면 창의성은 단순히 개인의 독창적 생각에서 비롯되는 것이 아니라 개인(창의적 아이디어 주체), 평가자(아이디어 평가 및 선택), 문화(평가자에 의해 선택된 창의적 산물)라고 하는 여러 요소에 의해 평가된다(최인수, 2011). 이에 따르면 창의성은 개인에게 기존의 문화 지식을 전달함으로써 새롭게 창의된 지식을 생산하고, 다음 세대(도메인, Domain)에 새로운 지식에 의한 창의적 산물을 전달해 보존함으로써 하위 세대에 엮을 수 있는 집합적 문화를 형성한다(박정선 외, 2021). 따라서 개인 또는 사회적 기준이나 맥락에 기여하지 못하는 것은 창의적 예술로 인정하기 어렵다. 즉, 창의적 예술이란 한 사회에 새로운 지식과 의미를 부여함으로써, 다음 세대로 축적될 만한 가치를 지닌 '무언가'가 반드시 존재해야 하는 것이다.

한편, 예술은 인간 문명사에 지대한 영향을 끼치며 다양한 형태로 시대를 기록하고 거듭해 왔다. 사진작가이자 당시 시대의 기록자인 아우구스트 잔더(August Sander)는 주로 독일 시민들을 대상으로 사진을 찍어 인간 군상을 기록했다. 당시 잔더가 촬영한 초상 사진은 농부, 여성, 예술가, 대도시 등의 개념에 따라 인간을 유형화(typology)함으로써 사회를 통제하기 위한 목적을 함의한 도큐먼트(document) 요소를 반영한다(김석원, 2002). 실제로, 잔더의 유형학적 사진 기록은 과학적 혹은 사회적인 일종의 연구 목적을 지닌 객관적 기록의 사진에 지나지 않았으나, 잔더의 인물 촬영 이미지를 잘 살펴보면 그가 선명한 초점화(focusing)를 통해 카메라의 메커니즘을 충실히 따르고 있음을 알 수 있다(김용선, 2001; 김석원, 2002). 잔더는 각 인물의 효과적인 장면 연출을 위해 모델의 자유로운 포즈와 신분을 드러내는 의상 및 소품을 활용하고, 인물에 적절한 배경을 설정함으로써 객관성을 보존하면서도 인물의 주체적 특성을 포함한 결과물을 완성한다(김용선, 2001). 실제로, 그의 사진은 사회적 신원 확인이 목적이었음에도 불구하고, 일종의 장면 연출을 통해 미학적 가치를 지녔음을 알 수 있다. 이처럼 창의적 예술이란 개인과 사회에 영향을 끼치며 하위 세대로의 전달할 만한 유의미한 가치를 지닌다.

AI 기술과 예술

2022년 8월 미국 콜로라도주립박람회 미술대회의 디지털 아트 부분에서 게임 기획자 제이슨 앨런(Jason Allen)의 〈스페이스 오페라 극장(Theatre D'opera Spatial)〉이 1위를 차지하자, 일각에서는 "예술은 죽었다"라는 표현으로 작품에 대한 평을 대신했다(김민, 2022). 그의 작품이 AI 프로그램인 '미드저니(Midjourney)'를 사용해 약 900번의 질문을 하고 그것을 60시간가량 산출한 결과였기 때문이다.

한편, 뉴욕의 모마(MoMA)는 미디어 아티스트 레픽 아나돌(Refik Anadol)의 작품 〈무감독(Unsupervised)〉을 미술관 1층 로비에 전시했다. 모마는 현대미술의 중심이라 할 만큼 권위 있는 미술관인데, AI로 생성한 예술 작품을 1층 로비에 전시한 것 자체가 새로운 예술 장르를 인정한 셈이다. 〈무감독〉은 무한대의 이미지가 끊임없이 반복 생성되는 작품으로, 이를 관람한 이들은 작품에 끊임없이 재생되는 환상적인 이미지에 매료되고 말았다고 평했다. 미술관은 작품평으로 "기계의 꿈"이라 덧붙이면서, 기술과 예술의 융합을 통한 인공지능 예술의 서막을 알렸다(이한빛, 2023).

물론 과거에도 인공지능과 예술을 융합하려는 여러 시도가 있었다. 영화 〈아바타(Avatar)〉(2009)는 인간과 나비 종족의 공생 과정을 3D 입체 시각 효과를 통해 표현함으로써 혁신적인 기술과 영화 장르의 융합으로 주목받았다. 당시의 3D 입체 영상은 단편적인 5~10분 내외의 분량의 작업이 대다수였으나, 〈아바타〉는 2D 화면에서 구현할 수 없는 생동감을 긴 호흡을 통해 표현했다는 점에서 높은 평가를 받았다(김설미 · 김규정, 2012). 〈아바타〉 제작기에서 밝힌 것처럼, 〈아바타〉는 이모션 캡쳐(emotion capture) 기술을 통해 초소형 카메라를 부착한 장비를 배우의 얼굴에 씌워 미세한 얼굴 근육의 움직임을 포착하고, 이에 기반한 CG 작업까지 이뤄냈다(이도균 · 이종환, 2019). 이러한 기술 발달은 머지않아 인공지능 기술 도입과 함께 다양한 영상 영화 제작 과정에 다양한 매체 활용 기회를 제공함으로써 예술과 기술을 접목된 새로운 스토리를 매개하는 계기가 될 것이다.

참고문헌

구본철(2011).“플라톤과 아리스토텔레스의 모방론 다시 읽기”. 《신영어영문학》, 50, 2쪽.

구본권(2020). 《로봇 시대, 인간의 일》. 어크로스.

김민(2022.09.05.). “美 미술 공모전서 AI가 그린 그림이 1등상 받아 논란 “예술의 죽음” vs “AI도 사람이 작동”. 《동아일보》. https://www.donga.com/news/article/all/20220905/115301579/1

김석원(2002). “다큐먼트와 다큐멘터리 사진에 대한 재고: 아우구스트 잔더의 유형학적(Typology) 사진을 중심으로”. 《Viscom》, 3.

김설미·김규정(2012). “영화사(史)에서 컴퓨터 그래픽이 미친 영향에 관한 연구: 영화 "아바타"를 중심으로”. 《예술과미디어》, 11권 2호, 16쪽.

김태환(2011). “미메시스에서 스토리로: 형식주의적 이론으로서의 아리스토텔레스 시학”. 《독일현대문학》, 36.

김헌(2016). 《인문학의 뿌리를 읽다》. 이와우.

박정선·이철영·유철호(2021). “칙센트미하이의 창의성 시스템 모델 관점에서 광고 창의성에 대한 문헌적 고찰”.

《상품문화디자인학연구》, 66, 205~222.
이도균·이종환(2019). "실사영화에서 나타나는 3D특수효과의 역할에 관한 연구: 영화 〈아바타〉를 중심으로". 《예술과미디어》, 9(2).
이한빛(2023.02.20.). "[현장에서] 시들한 NFT 아트, 다음 타자는 AI 예술?". 《헤럴드경제》. https://biz.heraldcorp.com/article/3066432
최인수(2011). 『창의성의 발견: 창의성은 언제, 어디서, 무엇에 의해, 어떻게 발현되는가』. 쌤앤파커스.
Csikszentmihalyi, M.(1999). Implications of a Systems Perspective for the Study of Creativity. In R. J. Sternberg(eds.). *Handbook of creativity*. Cambridge University Press. pp.313~335.

03
창작과 빅데이터

예로부터 인류는 기술을 통해 혁신 사회를 이뤄왔다. 요하네스 구텐베르크의 금속활자는 교육과 사상 등 지식 대중화에 큰 역할을 했다. 영화 〈매트릭스〉는 인류에게 기술 발전의 양면성이라는 주제를 보여 준다. 한편, 생성형 예술은 빅데이터 자료에 기반해 짧은 시간 안에 새로운 예술 작품을 재현하거나 창작한다. 생성형 예술은 단순히 기계적 상상력에 그칠 것인가? 인간 고유 영역인 예술적 창의를 넘어설 것인가?

AI와 난임 극복?

기술 혁신과 사회

요하네스 구텐베르크(Johannes Gutenberg)는 금속활자를 개발해 인쇄술의 발전을 이루었다. 그의 인쇄술은 다량의 인쇄를 빠르게 해결할 수 있도록 자모(子母)를 각인한 금속활자를 조합한 것으로, 활자판으로 활자를 고르게 인쇄할 수 있는 모든 기술적 장치를 고안한 것이 특징이다(송성수, 2004). 당시 그의 인쇄술은 한꺼번에 많은 양의 인쇄를 가능하게 한 점에서 주목받았다. 특히 이전보다 더 빠른 속도로 정보를 확산해 교육 대상과 사상 함양 범위를 넓히는 의식 대중화에 큰 역할을 했다. 구텐베르크의 인쇄 기술은 근대 문명사회를 이룬 중요한 전환점이었다. 그리고 오늘날 우리는 빅데이터라는 새로운 형태의 기술 혁신을 맞이하고 있다.

옥스퍼드대학교 인터넷연구소 교수 마이어 쇤베르거(Mayer Schonberger)는 빅데이터가 인쇄 기술이 인류에 처음 등장했던 때와 같이 인류의 기존 사고방식 자체를 바꿀 것이라고 말한다(매일경제기획팀 · 서울대빅데이터센터, 2014). 그의 말처럼 인공지능 기술은 사회 전반에 다양한 변화를 가져왔다. 영화 〈매트릭스〉는 기술 혁신이 만든 인간과 기술의 극단적 미래를 다룬다. 영화는 비약적인 기술 발전이 인류에게 어떤 의미인지에 대한 철학적 논의를 제시하며, 인류가 인공지능에 완전히 지배된 미래 상황을 보여 준다. 주인공 네오(키아누 리브스)는 '매트릭스'라는 가상 세계의 실체를 마주한다. 네오는 기계가 인류를 지배하기 위해 만든 조작된 현실 매트릭스에 저항하기 시작하면서 우리는 인류가 기술을 수용하는 과정에서 간과한 위험이 무엇인지 직면하게 된다. 이러한 서사는 오늘날 우리의 일상과 다름없는데, 이미 인공지능에 의해 일부 기계로 대체되고 있기 때문이다. 이처럼, 영화 〈매트릭스〉는 기계 문명의 혜택 이면에 보이지 않는 그늘이 존재한다는 메시지를 전하며, 주인공 네오는 빨간색 약과 파란색 약이라는 상징을 통해 기술 사회의 양면성을 극적으로 표현한다. 역사적으로 볼 때, 기술은 인류의 삶을 윤택하게 만들어 왔으나 인공지능은 다소 다른 양상을 내포한다. 인공지능은 인간의 도구로서가 아닌 인류의 생존과 가치를 위협할 가능성을 지녔기 때문이다. 이러한 점에서 인간을 모사(模寫)하는 인공지능 기술 은 다양한 관점에서 해석해 봐야 할 문제다.

빅데이터

빅데이터란 전통적 데이터베이스인 응용 소프트웨어를

통해 수집된 데이터 저장과 관리 또는 분석할 수 있는 범위와 규모를 초과하는 데이터로 정의된다(행정안전부, 2017). 여기서 전통적 데이터베이스는 일종의 구조화된 데이터 양식을 뜻하는데, 구조화하거나 정형화할 수 없는 형태의 다양한 데이터로 영상, 음악 등 다양한 미디어 콘텐츠가 양산됨에 따라 데이터 수집을 위한 프로그램은 더욱 발전하고 있다(한건희 · 진서훈, 2014). 더욱이 빅데이터는 기존의 정형화된 데이터에 비해 생산 속도가 빠르며 비구조화된 다량의 데이터가 하이브리드 IT나 클라우드 기술과 결합하면서 감히 인류가 상상할 수 없었던 단계의 새로운 지식과 창작물이 드러날 것으로 예측된다(김동완, 2013). 이처럼 빅데이터는 기술 분야에 한정되지 않고 실생활과 문화예술 산업에도 적용된다. 미국의 비디오 업체 온디맨드(On-demand)는 넷플릭스(Netflix)에서의 시청자가 선호하는 감독, 배우, 주제를 빅데이터로 분석해 〈하우스 오브 카드(House of Card)〉(2016)를 자체 제작함으로써 빅데이터 기술을 예술 산업에 적용한 성공 사례를 만들었다(함유근, 2013).

한편, 인공지능에 제공되는 데이터는 자원, 즉 리소스(resource)에 의해 결정된다(정지선, 2012). 예로, 인공지능이 특정 이미지를 생성하기 위해서는 약 1000장 이상의 이미지 데이터가 필요하다. 생성하려는 이미지의 특징이 100가지라고 가정하면 10만 개 이상의 데이터가 필요한 셈이다(이석중, 2019). 이처럼 사용자가 요구하는 특정한 이미지를 도출하기 위해서는 큰 단위의 학습 데이터가 필요하기 때문에 학습 데이터의 양이 적을 경우는 이미지가 편향적으로 제공되거나 왜곡된 결과가 도출될 수 있다. 이처럼, 빅데이터 기술은 대량의 정보를 수집하고 분석할 때의 효율을 높이는 긍정적 역할을 하지만 빅데이터가 학습할 정보가 구축되지 못할 경우도 대비해야 한다. 특히, 구글 트렌드(Google Trends)와 같은 특정 주제 검색 엔진은 일정한 주제에 관한 실시간 변화를 신속히 분석하도록 돕지만 모집한 자료의 대표성이 부족할 수 있고 검색 과정에서 여러 잡음(noise)이 발생하기 때문에 보다 정교한 검증이 요구된다(문혜정, 2019). 실제로, 2015년 구글 포토의 알고리즘은 흑인 사용자의 사진을 '고릴라'로 잘못 인식했다. 이는 편향된 정보를 제공했다는 논란과 인종차별 논란을 불러일으켰다. 이와 같이, 데이터의 확보와 제공 과정에서의 윤리 문제가 중요한 사안이라는 점을 짐작할 수 있다(Vincent, 2018).

빅데이터를 활용한 인공지능 시스템은 대량의 무작위 데이터 학습이 아닌 일정한 라벨링(labeling) 데이터 확보를 통해서만 정확한 이미지를 창작할 수 있다. 특히 이미지 빅데이터 활용을 위한 인공지능의 자체 학습을 위해서는 이미지에 다량의 라벨(label) 데이터가 구축되어 있어야 함을 전제로 한다(신정원, 2019). 데이터 라벨링이란 AI에 활용할 데이터를 수집하기 위해 원천 데이터에 값(라벨)을 붙이는 작업으로 일종의 주제 분류라 할 수 있다(박재현, 2020). 다량의 정보에 각각의 카테고리 분류 작업을 수행해 끊임없이 다음 데이터를 덧붙이는 작업을 반복하기에, 올바른 라벨링을 위해서는 명확한 가이드라인이 필요하다. 앞선 사례처럼 사용자가 요구한 값에 따른 풍부한 데이터가 입력되어야만 오류를 최소화할 수 있다.

생성 예술

1965년 2월 독일에서 열린 최초의 컴퓨터 예술 전시회 〈Generative Computergraphik〉이 "생성적(generative)"이라는 용어를 처음 사용한 이후, 1968년 만프레드 모어(Manfred Mohr)는 컴퓨터를 활용한 드로잉 작업에서 '생성 예술(generative art)'이란 용어를 사용한다(신종천, 2023). 그 후 생성 예술이란 개념은 여러 예술 비평가들에 의해 '과정 예술(process art)', '컴퓨터 예술(computer art)', '전자 예술(eletronic art)', '디지털 예술(digital art)' 등의 용어로 불려 왔다(Boden & Edmonds, 2009). 이윽고 2003년에는 생성 예술가이자 이론가였던 필립 걸랜터(Philip Galanter)가 생성 예술이란 예술가가 일련의 언어 규칙과 컴퓨터 응용 프로그램 외에 기계 등 자율적인 움직임을 갖는 시스템을 활용한 예술 실천이라고 정의한다(Galanter, 2003). 반면, 인공지능 기술을 활용한 생성 예술은 인간의 창작을 벗어난 독창적 예술을 형성하게 된다.

2016년 렘브란트 미술관에서는 '넥스트 렘브란트(The Next Rembrandt)' 프로젝트를 통해 화가 렘브란트의 작품을 재해석한다(구본권, 2020). 이 프로젝트는 인공지능을 통해 17세기 네덜란드 화가인 렘브란트 하르먼스 판레인(Rembrandt Harmensz van Rijn, 1606~1669)의 작품 346점의 그림을 분석하고, 렘브란트의 독특한 작품 기법을 3D 프린터로 재현했다. 당시 이 프로젝트를 주관한 마이크로소프트와 네덜란드 델프트공과대학교는 인공지능 학습을 위해 렘브란트 작품 특유의 붓 터치와 빛깔을 구현하도록 다양한 학습 데이터를 입력했으며, 학습된 빅데이터에 따라 18개월간 그림을 완성하도록 했다(임기범, 2024). 한편 런던의 한 경매에서는 이미지 빅데이터와 인공지능을 활용한 작품 〈에몽 드 벨러미(Edmond De Belamy)〉(2018)가 무려 432만 달러에 낙찰된다(신정원, 2019). 물론 일각에서는 과연 이 작품이 순수 창작물인지 의심을 품었으나, 인간이 인공지능을 활용해 창작할 수 있는 가능성을 제시한 사례라는 점에서 의미 있게 평가된다(Rea, 2018).

이처럼 생성형 인공지능을 활용한 예술 창작 시도가 다양해지면서 인간은 무한한 창작 가능성을 얻게 됐다. 그러나 인공지능의 데이터 값대로 출력된 생성형 예술을 인간 고유의 예술과 같은 기준으로 바라볼 것인지에 대해서는 여전히 그 기준과 입장이 모호하다. 예술의 가치를 기술적 완성도가 아닌 창작자의 정신, 생애, 유한성으로 보는 입장에서는 인공지능의 생생 이미지는 창의적이라고 보기 어렵다(구본권, 2016). 그러나, 인공지능 생성 이미지는 컴퓨터공학자들의 실험 의도에 따라 함수, 알고리즘, 벡터 값과 같은 의도된 명령어가 수정되고 입력자의 명령에 따라 수행되기 때문에 창작자의 의도가 반영된 결과라고도 볼 수도 있다(신정원, 2019). 현대의 생성형 예술은 전적으로 빅데이터와 알고리즘 기술의 수혜를 받고 있다. 이에, 다양한 예술 영역에서 인공지능 기술은 작가의 의도에 따라 다른 결과를 보이며, 인간의 창의력에 덧대어진 기계적 상상력을 통해 생성된 새로운 예술이 선보이는 시대라 할 수 있다.

참고문헌

구본권(2016.11.14.). "인공지능이 미술·음악창작…창의성과 예술은 인간만의 영역?". 《한겨레신문》, 13면.

구본권(2020). 《로봇 시대, 인간의 일》. 어크로스.

김동완(2013). "빅데이터의 분야별 활용사례". 《경영논총》, 34.

매일경제 기획팀·서울대 빅데이터 센터(2014). 《빅데이터 세상》. 매경출판(주).

문혜정(2019). "빅데이터의 경제통계 활용 현황 및 시사점". 《한국경제학회》, 11(4), 101쪽.

박재현(2020). "[데이터 라벨링②] 겉보기엔 쉬워도 실상은 어려워". 《IT DAILY》. http://www.itdaily.kr/news/articleView.html?idxno=102283

송성수(2004). "[세상을 바꾼 기술자들] 인쇄술로 문명의 길을 밝힌 구텐베르크". 《기계저널》, 44(6), 18쪽.

신정원(2019). "시각예술에서 인공지능과 빅데이터의 역할". 《한국예술종합학교 한국예술연구소》, 25, 67쪽.

신종천(2023). "생성예술 계보 속 생성형 인공지능 기반 예술에 관한 연구: 생성예술의 시스템적 관점으로 본 디퓨전 모델". 《중앙대학교 인공지능인문학연구소》, 15, 240~242쪽.

이석중(2019.04.05). "우리 곁에 다가온 AI: 소량의 데이터로 학습하는 퓨샷러닝". 《서울경제》, 18쪽.

임기범(2024.08.23). "[K-VIBE] 임기범의 인공지능 혁신 스토리…AI 저작권은 누구?". 《연합뉴스》.

https://www.yna.co.kr/view/AKR20240822093800528?input=11795m

정지선(2012). “성공적인 빅데이터 활용을 위한 3대 요소”. 《한국정보화진흥원 연구보고서》.

Boden & Edmonds(2009). What is generative art?. *Digital Creativity, 20*(1–2), pp.21～46.

Galanter, P.(2003). What is generative art? Complexity theory as a context for art theory. *Generative Art: Proceedings of GA*, pp.271～292.

Rea, N.(2018.08.20). Is the Art Market Ready to Embrace Work Made by Artificial Intelligence? Christie's Will Test the Waters This Fall. *Artnet News*, sec. Market, p.1.

Vincent, J.(2018.01.13.). Google 'fixed' its racist algorithm by removing gorillas from its image–labeling tech. The Verge. https://www.theverge.com/2018/1/12/16882408/google-racist-gorillas-photo-recognition-algorithm-ai

04
AI 자동화 기술과 OTT 플랫폼

알고리즘은 일련의 규칙과 절차를 뜻하며, 자동화된 추론을 수행한다. OTT 플랫폼은 AI 알고리즘을 통해 사용자의 선호도를 파악하는 자동 추천 기능을 내세운다. 사용자는 영상 시청의 편리함을 얻지만 빈지워칭 행태에 따른 디지털 중독과 필터 버블과 같은 정보 불균형 문제 또한 야기된다. 이에 올바른 콘텐츠 선택을 위한 능동적 사고와 탐색이 필요하다.

AI와 사주?

알고리즘

알고리즘이란 어떠한 문제를 해결하기 위한 일련의 처리 단계로, 기계 학습을 기반으로 자동화된 추론 과정을 거쳐 결정을 내리는 절차를 의미한다(위키피디아, 2024).

1997년 미네소타대학교 그룹렌즈 연구진(GroupLens Research)은 알고리즘 연구 기반으로 영화 추천 시스템인 무비렌즈(Movie Lens)를 개발하였다. 무비렌즈 시스템은 943명의 사용자를 대상으로 총 1682개 영화 리스트를 제공하고, 사용자는 그 중 대략 영화 스무 편에 최저 점수인 1점부터 최고점인 5점까지 선호도를 평가한다(박윤기 외, 2011). 그 후 사용자들이 내린 영화에 따른 평가 점수를 데이터화해 사용자의 선호에 따른 추천 데이터 값을 추출한다. 이러한 데이터 실험 연구는 사용자의 구매 또는 관람을 통해 상품이나 영화에 대한 사용자의 선호도를 파악해 상품의 구매로 이끈다. 미국 최대 온라인 서점인 아마존도 A9라는 추천 시스템을 통해 35%의 매출을 올릴 만큼 알고리즘에 기반한 이러한 마케팅의 중요성은 더욱 강조되고 있다.

넷플릭스의 자동 콘텐츠 추천 기능도 무비렌즈의 사용자 알고리즘 시스템과 유사한 사례라 할 수 있다. 초기 넷플릭스는 DVD 대여 서비스로 영화 콘텐츠를 유통시키는 물리적 확산에 주목했으나 온라인 인터넷을 활용한 글로벌 콘텐츠 플랫폼으로 성장하게 된다. 이후, 넷플릭스는 사용자의 선호도 평가를 통해 콘텐츠 취향과 콘텐츠 내용을 상세하게 분석하고 유형화한 '태거(Tagger)' 시스템을 도입한다(김희연, 2024). 태거는 '꼬리표'를 의미하는 단어인 '태그(tag)'와 '사람(-er)'의 합성어로, 넷플릭스에 존재하는 무수한 콘텐츠를 제한된 태그로 취합해 사용자에게 제공할 분류 데이터를 구축한다(이민아, 2019). 태거 시스템에 포함되는 내용은 콘텐츠 장르, 주제, 인물 등 여러 요소들이며, 각각의 콘텐츠에 태그를 설정하는 방식이다. 넷플릭스에서 봉준호 감독의 영화 〈기생충〉을 검색하면 "코미디영화", "스릴러영화", "어두운" 등의 태그가 부여돼 있다(김미림, 2023). 이처럼, 태거는 사용자가 시청한 또는 선호할 만할 콘텐츠 장르를 분석하고 사용자의 취향에 맞는 태그가 포함된 콘텐츠를 자동 추천하게 된다. 넷플릭스는 태거 시스템 도입을 통해 시청자들이 빠르게 다음 콘텐츠를 선택할 수 있도록 돕게 되었고, 장기적으로 넷플릭스가 글로벌 스트리밍 시장을 선점하는 데 주요한 요소로 손꼽힌다.

빈지워칭

빈지워칭(Binge-Watching)이란 '폭음'과 '폭식'을 의미하는 '빈지(Binge)'와 '보다'라는 뜻의 '워칭(Watching)'이 결합한 용어로, 짧은 시간 동안 여러 콘텐츠를 몰아보는 행위를 뜻한다(네이버 지식백과, 2024). 이 용어는 2013년 넷플릭스가 TV 시리즈물 영상을 한꺼번에 공개하기 시작하면서 대중화되었다. 당시의 넷플릭스 사용자들은 한꺼번에 공개된 연속된 영상 콘텐츠를 보기 위해 밤새 '빈지워칭'을 하곤 했다(심동녘, 2021). 지금의 넷플릭스를 있게 한 초기의 기념비적 콘텐츠 〈하우스 오브 카드(House of Cards)〉(2013)는 13회 전편을 동시에 방영했으며, 매회 결말에서 기존의 흐름을 뒤집는 전개를 통해 시청자들이 지속적으로 영상을 시청할 수 있도록 했다(조진래, 2021; 한순상 · 유홍식 · 신동희, 2017). 이처럼 오랜 시간 영상을 몰입해 시청하는 감상 행태에는 AI 기술을 활용한 자동 추천 시스템의 영향이 크다. 넷플릭스는 사용자가 시청한 영상 콘텐츠가 종료된 후 얼마 지나지 않아 다음 에피소드를 자동 재생해 사용자의 시청 행위가 중단되지 않도록 설계되어있다. 넷플릭스 관련 연구에 따르면, 시청자가 약 53초 안에 다음 영상 재생을 클릭하지 않으면 그 다음 콘텐츠를 시청할 가능성이 현저하게 낮아진다. 그럼으로써, 사용자들은 자동 재생을 통해 영상 콘텐츠에 강력히 몰입되면서 일종의 중독적 감상 행위에 빠진다. 마찬가지로, 앞서 설명한 넷플릭스의 태거 시스템은 사용자들이 다음 영상을 쉽게 볼 수 있도록 유도하며, 사용자 스스로 반복된 시청 루프에서 빠져나오기 어렵게 만든다.

미국의 임상심리학자 러네이 카(Renee Carr)는 빈지워칭처럼 오랜 시간 끊임없이 영상을 시청할 때 발생하는 신경학적 반응은 마약 중독에 빠진 뇌의 상태와 거의 유사하다고 설명한다(Volle, 2024). 빈지워칭은 우리 뇌에 즉각적으로 도파민을 분비해 중독 행동을 더욱 가속해 일종의 디지털 중독 상황을 만든다. 특히 자기통제 능력이 부족한 아동 및 청소년의 경우 디지털 중독 문제가 더욱 심각한 결과를 초래할 수 있다. 전남대학교병원 정신건강의학과에서 실시한 연구에 따르면 인터넷에 중독된 청소년의 불안과 우울 발생 빈도는 인터넷에 중독되지 않은 청소년에 비해 훨씬 높을 수 있다고 언급한 바 있다(박광식, 2023).

오늘날 AI 자동화 기술을 활용한 OTT 플랫폼의 기술 발전은 다양한 콘텐츠를 소비하고 관람하는 콘텐츠의 양적 성장을 일궈 냈다. 그러나, 콘텐츠를 수용하는 사용자 입장에서 살펴보면, 자신의 의지와는 무관하게 무한한 알고리즘 시스템으로 인한 지속적 콘텐츠에 노출될 수밖에 없다. 이처럼, OTT 플랫폼의 자동화 시스템은 사용자에게 끝없는 콘텐츠 소비를 가중한다. 향후 OTT 콘텐츠 플랫폼은 윤리적 방향으로 사용자 경험을 개선하기 위한 자동화 기술 설계를 검토해야 할 것이다(Jenner, 2016). 이 같은 콘텐츠 소비 성향은 윤리적, 사회적 논의를 필요로 하며, 장기적으로는 콘텐츠 제작 방향에도 유의미한 영향을 끼칠 것으로 판단된다.

필터버블

우리는 뉴미디어의 급속한 성장과 AI 기술 혁신 발전에 따라 자신의 선호와 취향에 따른 정보를 획득하기 수월한 시대를 살고 있다. 반면, 사용자 개인의 선호에 따른 정보만을 취급하게 되는 일종의 정보 고립 현상인 '필터버블(Filter Bubble)'의 위험에 노출되어 있다. 필터버블이란 용어는 2011년 일라이 파리저(Eli Pariser)에 의해 처음 사용되었으며, 이는 편협한 사고를 의미하는 동시에 수용자가 편파적 정보를 제공받는 현상을 지칭한다(Pariser, 2011). 정보화 사회의 인터넷 알고리즘이 개인 사용자가 선호하는 맞춤형 정보만을 제한적으로 제공하기 때문에 수용자는 자신의 선호 취향과 정보를 쉽게 선택할 수 있는 이점을 누린다. 하지만 동시에 스스로 문화적 고립 또는 이념적 거품에 갇히게 된다. 과거 사용자가 스스로 다양한 정보를 취합하는 수고를 해야 했다면, 오늘날 사용자는 하나의 단서만으로도 사용자에게 가장 적합한 정보를 취합할 수 있다. 여기서 발생하는 하나의 오류는 사용자에게 적합한 정보만을 제공해 취향이 아닌 정보는 자동으로 걸러진다는 것이다. 과거에는 우리가 듣고 싶은 음악을 직접 선택해 여러 장르의 음악을 듣고 자신만의 플레이리스트를 구축했지만, 자동 추천 기능에 의한 플랫폼에서는 클래식 음악을 선호하는 사용자에게 강한 리듬의 힙합은 추천되지 않는다. 이러한 편의성에 따라 AI 기반 온라인 플랫폼의 100만 사용자 달성 시간 또한 큰 폭으로 단축되고 있다. 대표적으로 넷플릭스는 3년 6개월만에, 음악 콘텐츠를 사용자 알고리즘에 맞게 추천하는 플랫폼 스포티파이(Spotify)는 5개월 만에 100만 사용자를 달성했으며, 인공지능 프로그램 챗지피티는 단 5일 만에 100만 사용자를 달성했다. 이미 대다수의 사용자들이 다양한 AI 플랫폼을 경험하고, 기존의 디지털 콘텐츠 소비 행태와 다른 변화를 겪게 되면서 새로운 온라인 플랫폼에 대한 이용 경험 또한 빠르게 증가했기 때문이다.

그러나 이러한 현상은 사용자로 하여금 자신의 관점과 유사한 정보만을 경험하게 만들고 관점과 상반된 정보를 경험할 기회를 빼앗게 된다. 이로써, 사회 전반적으로 다양한 관점의 정보를 놓치는 부작용이 발생하게 된다. 결과적으로 정보 다양성을 축소하고 개인주의와 편향된 사고를 가져오는 사회적 문제가 야기될 수 있다. 이러한 점에서 AI에 의한 알고리즘의 편리함에 따른 어두운 면을 인식하고 다양한 정보를 능동적으로 탐색하고 받아들이는 과정이 필요하다.

참고문헌

김미림(2023). "포노 사피엔스 시대의 영상 미학 분석 연구: OTT 시리즈물 〈오징어 게임〉을 중심으로". 《예술교육연구》, 21(4).

김희연(2024.11.27). "[기업Hi스토리] 우편에서 시작된 '넷플릭스', 세계적인 OTT가 된 비결". 《파이낸셜리뷰》. http://www.financialreview.co.kr

네이버 지식백과(2024). "빈지워칭". https://terms.naver.com/entry.naver?docId=3345347&cid=43667&categoryId=43667

박광식(2023.11.17). "청소년 인터넷 중독, 자해·자살 위험 높인다". 《KBS 뉴스》. https://news.kbs.co.kr/news/pc/view/view.do?ncd=78200

56

박윤기 외(2011). "Movielens 데이터를 이용한 영화 추천 시스템 개발". 《한국정보처리학회 학술대회논문집》, 18(2).

심동녘(2021). "미디어이용자kjmmmmhng fvc의 OTT 이용행태 결정요인 분석: 유료방송 시청요인과 이용자 혁신성향을 중심으로". 《한국혁신학회지》, 16(3).

이민아(2019.05.04.). "[Premium Report] 넷플릭스 콘텐츠 추천의 비결, '태거'의 모든 것, 50명의 취향 저격수, 1억5000만 시청자를 쏘다". 《이코노미조선》, 298호. https://economychosun.com/site/data/html_dir/2019/05/04/2019050400034.html

조진래(2021.05.05.). "[원 클릭 시사] 빈지 워치(binge watch)". 《브릿지경제》, 19면. https://www.viva100.com/20210505010000818

한순상 외(2017). "수용자의 몰아보기 이용동기와 지속적 이용의도에 영향을 미치는 영향 요인에 대한 연구". 《한국콘텐츠학회논문지》, 17(2).

Wikipedia(2024). "알고리즘". https://ko.wikipedia.org/wiki/%EC%95%8C%EA%B3%A0%EB%A6%AC%EC%A6%98

Jenner, M.(2016). Is this TVIV? On Netflix, TVIII and binge-watching. *New Media & Society, 18*(2), pp.257~273.

Pariser, E.(2011). The filter bubble: What the Internet is hiding from you. Penguin.

Volle, A.(2024.11.12). Binge-watching Is Binge-watching Good for You?. Britannica. https://www.britannica.com/procon/binge-watching-debate

05
관객과 AI

제74회 에미시상식에서 74년 역사 최초로 아시아 작품인 〈오징어 게임〉이 작품상을 수상한다. 온라인 콘텐츠 시장이 확장되어 전통적 시청 방식에서 탈피한 결과다. 디지털 환경에 익숙한 포노 사피엔스 세대의 특성을 살펴본다면 OTT 플랫폼의 주 시청층을 겨냥한 쌍방향 콘텐츠 제작도 활발해질 것이다. 넷플릭스 시리즈 〈블랙 미러: 밴더스내치〉는 사용자가 줄거리를 선택하도록 제작되어 러닝타임만 5시간에 달한다. 인공지능에 기반한 콘텐츠는 새로운 시청층을 민감하게 파악하고 반영할 필요가 있다.

AI와 아이돌?

미디어 변화

세계적인 미디어학자이자 평론가인 마셜 매클루언(Marshall McLuhan)은 〈미디어의 이해(Understanding Media: The Extensions of Man)〉(1964)에서 현대 사회의 미디어가 인간에게 어떠한 방식으로 영향을 주고 변화시키는지 탐구한다(McLuhan, 1964). 매클루언은 미디어 기술을 통해 세계가 하나의 마을처럼 동시대로 연결될 수 있는 계기가 마련됨에 따라 미디어 기술이 인간, 나아가서는 사회의 변화를 이룰 수 있다고 예견한다.

제74회 프라임타임 에미시상식(Primetime Emmy Awards)에서는 넷플릭스 오리지널 시리즈인 〈오징어 게임〉으로 황동혁 감독과 배우 이정재가 각각 감독상과 남우주연상을 받았다(김한빈, 2022). 'TV 부문 아카데미'라 불리며 최고 권위를 자랑하는 에미시상식에서 영미권이 아닌 드라마가 상을 받은 건 에미시상식 74년 역사상 최초다. 이렇듯 불패 신화를 일으킨 〈오징어 게임〉은 아이러니하게도 국내에서는 약 10년간 제작이 불투명한 상황이었다. 사실상 제작이 무산될 정도에 이르렀을 때 넷플릭스와 손을 잡은 〈오징어 게임〉은 플랫폼 공개 직후 세계 94개국에서 1위를 차지하는 기록을 세우게 된다. 이러한 이례적 결과에 대해 CEO 테드 서랜도스

(Ted Sarandos)는 〈오징어 게임〉의 제작 배경으로 한국 콘텐츠만이 지닌 풍부한 창의성과 스토리텔링의 고유성을 믿고 투자를 감행했다고 밝혔다(김경희, 2024). 특히 〈오징어 게임〉은 다양한 시청층을 고려한 콘텐츠 제작 방식을 통해서 전통적인 일방향 콘텐츠 제작 방식을 탈피한 시도기도 하다. 물론, 〈오징어 게임〉은 한국 콘텐츠의 저력을 보여 준 사례이기도 하지만, 마치 시청자가 게임 유저가 되어 내용을 관망하는 듯한 방식으로 이야기가 진행된다. 에피소드 제목 또한 그 회에 소개되는 게임의 이름을 넣어 시청자가 한 단계씩 게임을 돌파하는 캐릭터처럼 게임을 하고 있다는 착각이 들게끔 한다(김미림, 2023). 이처럼 변화된 영상 이미지에서 창작 주체는 사용자(관람객)의 시선을 의식하며, 전통적 영상 제작 메커니즘으로부터의 탈피를 시도하게 된다.

포노 사피엔스

《포노 사피엔스》(2019)는 디지털 환경에서 살아가는 현대인의 진화된 유형을 두고 "포노 사피엔스(Phono Sapiens)"라는 용어를 통해 설명한다(최재붕, 2019). 이 용어는 도구를 사용해 인류의 변화를 이끌어 낸 '호모 사피엔스(Homo Sapiens)' 개념의 연장선상에 있다. 쉽게 설명하면, 포노 사피엔스는 스마트폰을 쥐고 태어난 세대다. 이들은 스마트폰을 '개체'가 아닌 자신에 포함되어 드러나는 '주체'로 활용하는 특징을 지닌다. 포노 사피엔스의 행동과 사고방식은 사회를 넘어 디지털 영상 매체에도 큰 영향을 미친다. 이에, 포노 사피엔스는 미디어에 친숙한 특징을 보이며 영상 콘텐츠가 표현하는 상징화된 이미지와 영상에 내포한 내재적 의미를 읽어내는 능력, 즉 미디어 리터러시 능력이 우수하다. 반면, 텍스트에 기반한 긴 문장 학습에 포노 사피엔스 세대는 다소 어려움을 느낀다. 향후 포노 사피엔스라는 세대 변화를 받아들이고 그에 따른 새로운 교육과 소통 방식을 제공해야 하는 이유다. 마찬가지로, 미래 시대의 영상 콘텐츠를 시청하는 주 타깃이 포노 사피엔스라는 점에서 미디어 콘텐츠도 새로운 제작 양식을 고려해야 할 것이다. 앞서 언급한 넷플릭스 시리즈 〈오징어 게임〉에는 다채로운 색감과 숫자가 새겨진 옷을 입은 주인공들과 기호화된 가면을 쓴 게임 진행자들이 등장한다. 이는 감각적 영상을 선호하는 포노 사피엔스 세대를 타기팅해 그들의 영상 유입을 더욱 활발하게 만든다(김미림, 2023). 더욱이, 코로나19를 계기로 영화관을 찾는 관람객 보다 집 또는 이동 수단에서 편리하게 시청하는 행태가 이어지면서 OTT 플랫폼의 성장은 더욱 가속화될 것이다. 나아가, 내 손안의 작은 콘텐츠를 즐기는 포노 사피엔스 세대를 위한 맞춤형 콘텐츠는 그들의 입맛과 영상 분석 특성을 갖춘 미디어로의 변화를 이끌 것이다. 이렇듯 기술 발전은 단순히 시스템 변화 외에도 영화, 영상 창작 및 미디어를 관람하고 소비하는 관람 형태에 많은 변화를 가져올 것이다.

인터랙티브 콘텐츠와 AI

인터랙티브(interactive)란 '상호' 또는 '쌍방'의 의미를 지닌 개념이다. 한 개체와 다른 개체가 활동적인 상호 보완을 이뤄 가는 활동을 의미한다(네이버 지식백과, 2024). 나아가, 인터랙티브 콘텐츠(interactive contents)란 미디어 기술을 통해 생산된 콘텐츠가 소비자와 생산자 상호에게 영향을 주는 요소를 갖춘 미디어를 뜻한다(네이버 지식백과, 2024). 이는 소비자인 대중이 직접 콘텐츠에 참여해 스토리에 개입하는 형태의 콘텐츠라고 할 수 있다.

인터랙티브 영화의 근간이 되는 최초의 영화 〈키노오토맷(Kinoautomat)〉(1967)은 관객에게 두 가지 상황을 동시에 상영하고 관객 다수가 선택한 결말을 채택해 진행되는 형식으로 제작됐다(경기콘텐츠진흥원, 2021).

그러나 이 작품은 소수 관객이 원하는 방향의 줄거리가 채택되지 않아 많은 이들을 만족시키기 어렵다는 한계에 직면한다.

한편, 2018년 제작된 넷플릭스 시리즈 〈블랙미러: 밴더스내치(Black Mirror: Bandersnatch)〉(2018)는 '블랙미러' 시리즈의 스핀오프 작품으로, 줄거리가 인터랙티브 콘텐츠로 구성되어 러닝타임이 무려 5시간에 달한다. 〈블랙미러: 밴더스내치〉는 마치 게임을 하듯 전개되는 방식으로, 관람자에게 두 가지 선택지를 제공해 관람자 특성에 따른 결말을 보도록 유도한다. 이로써 시청자는 자연스럽게 극에 집중하게 됨으로써, 콘텐츠에 대한 참여도와 충성도가 높아진다. 더불어, 제작자 입장에서는 시청자가 다중 선택함으로써 선호된 스토리에 대한 데이터를 확보함으로써 향후에는 더욱 정교한 스토리를 기획하는 데에 필요한 데이터를 확보하는 셈이다.

또한, 인터랙티브 콘텐츠 양식은 관객 참여를 이끌기 위한 마케팅 요소로도 적극 활용된다. 영화 〈반도〉(2020)는 감독의 전작 〈부산행〉(2016) 이후 폐허가 된 땅에 남은 자들의 사투를 그린다. 여기서 만일〈부산행〉을 관람한 관객이라면 그 다음의 이야기를 펼친 〈반도〉의 관객으로 유입될 가능성이 높다. 그래서 〈반도〉의 예고편은 관객이 직접 참여하는 인터랙티브 미디어 형태로 제작되었다. 예고편은 총 네 번의 목숨을 건 선택을 예비 관람객에게 제공해 흥미를 자극한다.

앞선 유사한 형태로 인터랙티브 콘텐츠가 광고 영상에서 단독으로 활용된 사례도 있다. 국내 맥주 생산 기업인 카스와 유튜브가 협업해 제작한 영화 〈아오르비(AORB)〉(2019)는 'A or B'라는 선택지를 통해 '선택'이라는 주제를 전달하며, 자신의 선택을 즐기라는 밀레니얼 세대를 자극하는 메시지를 던진 광고 마케팅이다(카스, 2019). 실제로 〈아오르비〉는 공개 2주 만에 조회수 100만을 달성하며 20대를 공략한 플랫폼 광고로서 고객 참여를 높인 성공 예시라고 할 수 있다.

이렇듯 인터랙티브 콘텐츠는 관객의 참여도를 높임으로써 단순 관람에 그치는 전통적 관람 양식에서 나아가 관객을 창작에 주체적으로 참여하는 잠재적 창작자로 기능케 한다. 이러한 변화는 콘텐츠를 제작할 때 쌍방향 소통과 제작을 고려하게 만든다. 향후 인터랙티브 콘텐츠는 보다 다양한 방식으로 콘텐츠 창작에 적용될 것으로 보인다.

참고문헌

구본권(2020). 《로봇시대, 인간의 일》. 도서출판 어크로스.

경기콘텐츠진흥원 블로그(2021.05.11). "[칼럼] 콘텐츠 산업, 이슈 인사이드 보기만 하는 시청자는 그만! 인터렉티브 무비의 등장". https://blog.naver.com/gconzine/223818929214

최재붕(2019). 《스마트폰이 낳은 신인류 포노 사피엔스》.

김경희(2024.02.19.). "넷플릭스 공동 CEO 테드 서랜도스 '오징어게임2 현장 방문, 가히 압도적인 규모'". 《iMBC연예》. https://enews.imbc.com/News/RetrieveNewsInfo/409279

김미림(2023). "포노 사피엔스 시대의 영상 미학 분석 연구: OTT 시리즈물 〈오징어 게임〉을 중심으로". 《예술교육연구》, 21(4).

김한빈(2022.09.13.). "'오징어 게임' 제74회 프라임타임 에미상 6개 부문 수상". 《열린뉴스통신》. https://www.onews.tv/news/articleView.html?idxno=137994

네이버 지식백과(2024a). "인터랙티브". https://terms.naver.com/entry.naver?docId=1221285&cid=40942&categoryId=32837

네이버 지식백과(2024b). "인터랙티브 콘텐츠". https://terms.naver.com/entry.naver?docId=6211406&cid=42266&categoryId=67997

카스(2019.07.15.). "Parasite Choi Woo Shik AORB by Cass [선택희비극, 아오르비]". https://www.youtube.com/watch?v=TOv-Uq7XffM

McLuhan, H. M.(1964). *Understanding Media: The Extensions of Man*. McGraw-Hill.

06
영화 산업과 AI

2019년, 전 인류는 코로나19로 삶의 큰 변화를 겪었다. 그리고, 오늘날 우리는 제5의 물결인 정보와 인공지능이 결합한 고부가가치 산업 성장 시대를 맞이하고 있다. 이에 따라, 미래의 영화 콘텐츠 산업도 인공지능 기술을 비판적으로 수용하고, 인간 고유의 정체성을 보존하기 위한 방안 모색이 중요한 과제가 될 것이다.

AI와 야구?

패러다임 변화

앨빈 토플러의 《제3의 물결(The Third Wave)》(1930)은 문명의 발전과 변화의 요인으로 기술 체계를 언급하며 정보화 사회라는 새로운 체제 대비를 언급한다. 제1물결은 수렵과 채집에 따른 농경 사회로의 변화, 제2물결은 산업 혁명에 따른 산업 사회, 제3물결은 지식과 정보에 기반한 정보화 사회다(최연구, 2024). 현대 사회는 산업 발달 이후 고부가가치 산업의 성장과 지식을 기반으로 급속한 변화를 겪고 있다. 전문가 의견에 따르면, 2000년대는 인터넷 혁명, 2010년대는 모바일 혁명, 그리고 현재는 AI 혁명이 일어난 패러다임 변화라 할 수 있는데, 이에 따라 "초거대 AI 혁명의 시대"가 올 것이라 예견한다(한형석, 2025). 실제로, 현재 인공지능 기술은 건설 현장 안전 모니터링, 항공 제조 단계 품질 검사, 항공기 엔진 분석 등 고도화된 산업 부분에 접목되고 있으며, 암 선별을 위한 건강 진단 치료 및 농업과 산업 현장 생산성 전략 등 모든 분야에 적용되고 있다(한형석, 2025). 인공지능은 기존의 빅데이터와 클라우드를 포함한 4차 산업 혁명을 넘어서며, 빅데이터를 활용해 유의미한 결과를 도출하는 선진형 인공지능 개발을 목적에 둔 제5의 물결에 대한 대비가 필요한 시점이라고 할 수 있다(김규석,

2021).

2019년 전 세계는 이전에는 보고된 바 없는 신종 바이러스로 인한 팬데믹을 겪으며 코로나19 관련 행정적 대책과 피해 지원 등이 적절하지 못했다는 지적을 받게 된다(김정은, 2021). 물론 신종 바이러스에 대한 전문가 부재로 상황에 대한 즉각적 판단과 조치가 불가능한 상황이었다는 점을 간과할 수 없다(황영찬, 2020). 그러나 결과적으로 바이러스에 대한 선제적 조치가 지연됨에 따라 사망률이 급증하면서부터는 사실상 손을 쓸 수 없는 지경에 이른다. 당시 전문가들은 바이러스 확산 속도가 빨랐던 이유로 잘못된 정보 확산을 꼽았다.

2003년 존스홉킨스보건대학원에서 사용한 용어 '인포데믹(infodemic)'은 정보(infomation)와 전염병(epidemic)의 합성어로, 질병의 확산만큼이나 잘못된 정보의 확산 위험성에 대해 경고했다(정태성, 2021). 2019년 코로나19가 확산되자 근거 없는 정보에 따른 인종 차별과 사회 갈등 문제가 속출했다. 이윽고, 바이러스 대응 체계로 모든 오프라인 산업을 온라인으로 전환하자, 정보의 확산 속도 또한 빨라졌다. 뒤이어, 온라인 시스템을 구축하지 못한 산업의 경우 도태되기에 이르며, 인류는 다시금 생존에 대한 위협을 받았다. 당시 보도에 따르면, 대면 시스템이 두드러지는 숙박과 음식 업종에서의 폐업률과 매출액이 급감한 것으로 나타났다(조한무, 2022).

인공지능 시대도 그러하다. 인류가 인공지능에 대한 적절한 대비를 하지 않는다면, 그것은 우리의 기대와는 다른 결과를 초래할 수 있다. 인공지능 기술의 급속한 발전은 인류에게 새로운 가능성을 보여 주지만, 인공지능에 대한 선제적 대비가 이뤄지지 않는다면 그것이 인류에게 미칠 영향이 무엇인지 알 수 없다. 이미 인공지능은 슈퍼인텔리전스(superintelligence) 형태로 거듭나면서 인간의 통제 범위를 벗어난 능력을 갖추어 나아가고 있다. 따라서, 인공지능 분야에서 발생하는 윤리적 딜레마와 사회적 쟁점에 대해 보다 심도 깊은 논의가 요구된다.

만약 인류에게 바이러스 이전으로 돌아갈 수 있는 기회가 주어진다면, 우리는 무엇을 어떻게 준비해야 할까? 앞선 설명처럼, 인공지능 기술 시대를 준비하기 위해서는 인공지능 기술에 대한 전략적 사고와 대안이 이뤄져야만 한다. 앞선 세계적 대공황의 역사를 반복하지 않기 위해서라도 보다 적극적으로 인공지능에 대한 선제적 대응이 필요한 것으로 여겨진다.

AI 영화

예술은 기술을 포괄하는 넓은 범위의 개념이다. 우리에게 예술가로 잘 알려진 레오나르도 다빈치가 당대 최고의 과학기술자였다는 점을 보더라도 기술과 예술은 불가분의 관계라 할 수 있다. 이와 비슷한 사례를 동양사에서도 확인할 수 있다. 조선 후기 정약용의 "칠실관화설(漆室觀畫說, 어두운 방에서 바라보는 그림을 그리는 기술에 대한 원리)"에서 그가 활용한 기술을 통해 예술과 기술의 관계를 유추할 수 있다(윤민용, 2008.11.21.). 이는 곧 카메라 옵스큐라(Camera Obscura, 캄캄한 방을 뜻함)의 원리로, 투사된 광상(光像)으로 밑그림을 완성하는 것이다. 카메라 옵스큐라를 통해 묘사한 그림은 기존의 그림보다 훨씬 더 정밀한 묘사가 가능했기에 화가들에게 새로운 기술적 혁명이었다. 그러나 일부 화가들은 이와 같은 방식이 미학적 가치를 훼손할 수 있다며 단순한 모사 행위는 예술로 받아들일 수 없다는 입장을 밝혔다. 그러나 인류는 역사를 거듭하며 한 장의 모사 행위에서 발전된 여러 장의 프레임을 조합해 움직이는 영상을 만드는 영화를 발명하기에 이른다.

2023년 4월 16일, 세계적인 패션 브랜드 발렌시아가(Balenciaga)는 영화 해리포터 시리즈의 주인공들을 내세운 광고 영상 마케팅을 선보였다(이상훈, 2023). 당시 제작된 영상은 주인공 해리포터와 그 외 주연 배우들과 닮은 가상 인물이 유명 의류 회사인 B사의 의상을 입고 런웨이하는 모습을 보여 준다. 그러나, 이 영상은 실제 인물이 아닌 가상의 주인공을 활용해 제작된 영상이다. 더욱이, 영상을 제작한 이가 영상 전문 제작 업체가 아닌 일반인이라는 점과 그가 누구나 사용 가능한 이미지 생성형 AI 도구를 활용했다는 사실이 알려지면서 더욱 주목받았다.

나아가, 인공지능 기술을 접목한 영상은 실제 영화 제작에까지 이른다. 2024년 2월 제1회 두바이 국제 AI 영화제에서 한국 권한슬 감독의 〈원 모어 펌킨(One more Pumpkin)〉(2023)이 대상과 관객상을 동시에 수상했다. 이는 한국 영화의 위상을 알린 동시에 인공지능 기술로 생성한 영화가 하나의 독립 장르로 평가된 사례이기도 하다. 판타지 호러 장르 영화 〈원 모어 펌킨〉은 100년 넘게 생존한 동양인 노부부가 죽음에 이르는 과정을 서양의 할로윈 문화를 통해 다룬다. 영화는 인공지능 이미지 생성 과정에서 발생한 오류인 인물들의 괴기스러운 신체와 표정을 오히려 호러 장르로 적극 활용함으로써 극에 대한 몰입감을 선사한다. 이에 대해 권한슬 감독은 한

언론 인터뷰에서 인공지능 생성 예술은 기존의 데이터를 기반으로 구축한다는 점에서 노년층, 특히 동양인 노년층에 대한 학습 데이터가 충분하지 않은 탓에 어색한 이미지가 산출된 것 같다고 언급하며, 영화 속 동양인의 기괴한 이미지 산출이 캐릭터 설정에 도움이 되었다고 설명한다(박수용, 2024.06.14.).

또한 인공지능이 작성한 시나리오로 촬영된 영화도 있다. 오스카 샤프의 〈선스프링(Sunspring)〉(2016)은 인공지능 프로그램 '벤자민(Benjamin)'으로 작성한 시나리오를 바탕으로 만들어졌는데, 약 8분 분량의 영화로 제작되었다. 샤프 감독은 48시간의 제한 시간 동안 만들 수 있는 영화에 대해 고민하던 중 벤자민에게 1980~1990년대 SF를 기준으로 한 대본을 작성하게 했다. 그렇게 벤자민은 우주정거장에 살고 있는 세 남녀의 관계를 보여 주는 시나리오를 완성했다. 물론 영화 전체 구성면에서 기존의 공상과학 영화를 떠올리게 하지만 일부 어색한 표현과 문장들 탓에 전반적 완성도는 높지 않았다. 이에 대해 관객들 또한 사람이 직접 쓴 시나리오 작법과는 다른 인공지능 시나리오 작법을 쉽게 받아들이기 어려웠다는 평가가 이어졌다(임수연, 2024).

이처럼, 영화 제작에 AI를 활용하면 물리적 한계를 뛰어넘거나 편리함을 얻을 수 있지만, 현재로서는 다소 완성도가 뒤처진다는 평이다. 이는 인공지능 기술 자체의 문제일수도 있으나, 인공지능이 산출한 영상 콘텐츠가 인간의 감정을 온전히 표현하기 어렵고 사람이 보기에 다소 어색한 장면과 대사가 있는 탓이도 하다. 그러나 인공지능으로 제작된 영화 사례가 늘어날수록 인공지능은 더욱 완성도 높은 영화 제작이라는 목표를 위해 학습하고 인간의 영화를 모방해 갈 것이다. 아마도 현재의 추세라면 '마치 사람이 만든 것' 같은 영화가 아니라, '인간을 능가한' 영화가 만들어질 시기도 앞당겨질 것이라 예측한다. 그렇다면 우리는 인류가 만든 영화와 인공지능이 만든 영화에 어떠한 가치와 기준을 제시할 것인가? 인공지능 영화란 기술적 실현에 그치는 개념일 것인지, 기술을 포함한 콘텐츠(contents)까지의 범위를 지칭할 것인가?

인간의 도구 VS 도구의 인간

최근 한국고용정보원에서 발표한 "디지털 기반 기술혁신과 인력수요 구조 변화" 통계에 따르면 향후 10년 안에 여러 산업의 일부 직업군에서 인공지능이 인간의 노동력을 대체할 것으로 예측된다(한국고용정보원, 2023). 특히 일부 반복 업무 형태를 가진 직업군의 경우 AI 대체가능성이 높을 것으로 전망된다. 그렇다면 인류가 인공 지능에 의해 대체된 먼 미래 사회는 어떠할 것인가?

1919년, 정신분석학자 지그문트 프로이트(Sigmund Freud)는 익숙함에서 오는 낯섦에 대해 언급한다. 그에게 '낯섦'이란 예전부터 알고 있던, 오래전부터 친근했던 것이 소급되는 종류의 무서움이며, 섬뜩함이라는 표현으로 설명된다(남정애, 2010). 덧붙이자면, 인간은 익숙한 대상이나 사람, 상황이 이전과는 달리 낯설다는 느낌이 들 때 심리적으로 불편한 반응을 보인다.

이와 비슷한 맥락으로, 1970년 일본의 로봇공학자 모리 마사히로(Mori Masahiro)는 '불쾌한 골짜기', 즉 '언캐니 밸리(Uncanny Valley)'라는 용어를 통해 인간과 흡사한 로봇 이미지의 혐오감에 대해 설명한다(구본권, 2020). 만일 로봇이 인간과의 일부 유사성을 지닐 경우 인간은 친밀도가 증가하지만 로봇이 인간과 매우 흡사한 수준에 도달하면 오히려 '안정감'이 아닌 '불쾌감'을 느낀다는 것이다. 인간의 외형과 거의 동일한 수준을 갖춘 로봇이라 할지라도 그것이 인간과 동일한 수준의 만족감을 주기란 어렵다. 예를 들어 '사람의 손가락은 다섯 개'라는 보편적 지식을 기반으로 인공 이미지를 생성했을 때, 생성된 이미지 속 인물의 손가락이 다섯 개보다 적거나 많을 경우, 우리는 심리적 불쾌감을 느낀다. 이는 보편적 정보와 실제 반영된 시각 정보가 불일치할 경우 심리적 반응으로 불편감 또는 거부감이 유발되기 때문이다. 정리하면 인간은 인공지능 기술과의 융합 과정에서 일종의 심리적 저항을 느끼며, 그에 따른 무의식적 두려움을 갖게 된다. 그러나 이러한 심리적 저항에도 불구하고, 인공지능이 인류에게 크나큰 혜택을 주고 있음은 자명한 사실이다. 이러한 점에서 인공지능 기술에 대한 무조건적인 경계보다는 인간의 존엄성을 영위하며 주체적으로 인공지능 기술을 통제하고 나아가는 올바른 융합 방향의 설정이 필요하다고 볼 수 있다.

참고문헌

구본권(2020). 《로봇 시대, 인간의 일》. 어크로스.

권오성(2016.06.13). "인공지능이 대본 쓴 첫 영화 나왔다". 《한겨레》. https://www.hani.co.kr/arti/society/society_general/748028.html

김규석(2021.10.31). "제 5의 물결, 그 답은 답(DAB)에 있다". 《경인일보》. https://www.kyeongin.com/article/1570024

김소영(2024.11.04). "[김소영의 문화톡톡] '운하임리히'의 변주, 일상적 사물에서부터 기술적 타자에 이르기까지". 《르몽드디플로마티크》. https://www.ilemonde.com/news/articleView.html?idxno=

19641
김정은(2021.10.31). “스웨덴 평가위원회 ‘코로나19 초기 대응 느리고 불충분했다’”. 《연합뉴스》. https://www.yna.co.kr/view/AKR20211030053000098?input=1195m
남정애(2010). “낯섦 그리고 억압된 낯익음: 프로이트적 관점에서 살펴본 호프만스탈의 《안드레아스》에 숨겨진 이야기”. 《한국독어독문학회》, 51(3).
박수용(2024.06.14). “AI 영화는 어떨까? 권한슬 감독에게 묻다”. 《KoBiz영화진흥위원회》. https://www.kobiz.or.kr/new/kor/03_worldfilm/news/news.jsp?mode=VIEW&blbdComCd=601001&seq=4240
윤민용(2008.11.21.). “카메라 옵스쿠라 사용 조선시대 초상화 그려”. 《경향신문》. https://www.khan.co.kr/article/200811211700015
임수연(2024.07.09.). “[특집] 인간과 시네마 그 사이의 인공지능: 인공지능 기술의 발달로 영화의 예술적 위상에 대한 본질적 질문이 다시 시작되다”. 《씨네 21》. http://www.cine21.com/news/view/?mag_id=105442
정순기 외(2024.11.12). 《디지털 기반 기술혁신과 인력수요 구조 변화》. 한국고용정보원. https://www.keis.or.kr/keis/ko/proj/113/pblc/detail.do?pubIdx=11112
조한무(2022) “코로나19 노동시장 위축, 숙박·음식 등 ‘대면 업종’에서 두드러져”. 《민중의 소리》. https://www.vop.co.kr/A00001509356.html
최연구(2024). 《4차 산업혁명시대 문화경제의 힘》. 중앙경제평론사.

최현숙(2015.10.02). “로봇·알고리즘·빅데이터가 예술이 되다”. 《머니투데이》.
https://news.mt.co.kr/mtview.php?no=2015092419334884261

한형석(2025.01.01.). “[2025 신년특집] ‘제5의 산업혁명’… 초거대 AI 혁명의 시대”. 《한국일보》.
http://www.koreatimes.com/article/1545612

황영찬(2020.02.12.). “신종코로나 ‘격리할까 말까’ 고민하는 역학조사관”. 《CBS노컷뉴스》.
https://www.nocutnews.co.kr/news/5288026

07
영화와 AI 사회

영화는 픽션을 기반으로 하나의 세계관을 구축하기에, 영화 속 인공지능 캐릭터를 통해 인공지능 시대를 예측하고자 한다. 영화 〈아이언맨〉은 인간과 인공지능이 협력해 만들어 가는 가상 세계를 그려 낸다. 한편 영화 〈마이너리티 리포트〉는 인간이 인공지능에 통제되는 미래 세계를 보여 주며, 영화 〈원더랜드〉는 인간과 인공지능 사이에 놓인 모방과 재현의 의미를 보여 준다.

AI와 윤동주?

협력과 도구: 〈아이언 맨〉

사이버네틱스(Cybernetics)는 오늘날 인공지능 산업과 과학기술 혁명의 이론적 토대이자 기폭제가 된 이론이다(고명섭, 2024). 미국의 수학자 노버트 위너(Norbert Wiener)는 사이버네틱스가 기계와 동물을 포함한 제어와 커뮤니케이션 이론 전체 분야라고 설명한다(신승환, 2023). 당시 위너는 제2차 세계대전에서 미군 대공예측기(anti-aircraft) 개발에 참여하면서 기계적 운용, 적의 움직임 외에 조종사의 판단과 같은 사람에 대한 예측이 필요하다고 봤다(홍성욱, 2017). 만일, 적군의 위치가 기계가 판단한 예측 범위를 넘어서는 경우가 있다면, 이는 단지 조종사가 기계에 의존하기보다는 직접 내린 판단에 의해 위치가 결정되기 때문이다. 이처럼, 위너의 사이버네틱스 개념은 인간과 기계의 상호 작용에 기반해 외부 환경에 맞도록 행동하는 일에 초점을 두는데, 공학, 생물학, 사회 · 경제 시스템에서 예술에 이르는 광범한 의미를 포함한다(문병성, 2025). 한편, 위너는 인간과 기계의 상생을 언급하면서도 기술 자동화로 인간이 노예 노동자로 전락할 수 있다고 경고한다. 특히, 오늘날 인공지능의 기술 성장은 예측보다 더 빠른 변화를 이루고 있다. 이러한 점에서, 인간이 인공지능 기술을 어떻게 활용하고 적용할 것인지에 대한 미래를 예측해 볼 필요가 있다.

존 파브로의 영화 〈아이언맨(Iron Man)〉(2008)은 마블 시네마틱 유니버스(Marvel Cinematic Universe, MCU)의 첫 번째 작품이자, 마블 시리즈의 슈퍼 히어로 장르 역사를 새롭게 쓴 작품으로, 주인공 토니 스타크가 인공지능 비서 자비스(J.A.R.V.I.S) 시스템을 활용해 악당과 맞서 싸우는 이야기다.

자비스는 'Just A Rather Very Intelligent System'의 줄임말로, '그냥 좀 굉장히 똑똑한 시스템'을 의미하며, 토니 스타크를 완벽한 슈퍼 히어로로 만드는 조력자다. 자비스는 토니의 식사 메뉴를 선정하는가 하면 집안 환경 정비와 기타 모든 업무에서 그의 비서 역할을 수행한다. 여기서 중요한 점은 자비스가 단순히 인간의 도구에 머물지 않고 하나의 주체성을 가진 충신으로 기능한다는 점이다. 자비스는 토니 스타크의 영웅 서사에 힘을 싣는 중요한 캐릭터로, 인공지능 기술과 인간의 융합 가능성을 보여 준다.

영화 초반 토니는 테러리스트로부터 치명적 부상을 입고 생명의 위협을 받는다. 이때 토니는 심장을 보호하는 '아크 리액터'라는 인공체를 가슴에 삽입하게 되는데,

자비스는 토니의 아크 리액터를 활용해 아이언맨 슈트를 재설계한다. 영화는 토니를 인공 기술을 접목한 히어로로 재탄생시킴으로써 인간과 기술의 융합을 상징적으로 그려 낸다. 이후에도 자비스는 스스로 문제 해결 능력을 갖추고 상황을 인지함과 동시에 해결 방식을 도출함으로써 토니의 히어로 서사에 힘을 싣는다. 그러나 이는 단지 흔한 SF 서사물에 그치지 않는다. 토니의 일상은 현재 상용화 된 자율주행 차량과 스마트 홈 시스템, 의료 분야의 로봇 수술과 보조 기기처럼 이미 우리 삶에 들어온 인공지능 기술을 보여 준다. 이처럼 영화는 인공지능과 인류의 미래를 성찰케 한다. 특히 인공지능의 발전이 가져올 인류의 미래를 가늠해 봄으로써 인간과 인공지능의 공생적 관계 가능성 또한 모색할 수 있다. 다만, 이러한 미래는 인류의 생존과 윤리적 쟁점과 같은 심도 깊은 논의가 선행되어야 할 것이다.

지배와 통제: 〈마이너리티 리포트〉

2054년 워싱턴을 배경으로 한 스티븐 스필버그의 영화 〈마이너리티 리포트(Minority Report)〉(2002)는 살인 사건 제로의 완벽 치안국을 배경으로 한다. 최첨단 치안 시스템 '프리크라임(Free Crime)'이 미래에 발생할 범죄를 예측해 사건이 발생하기 전에 용의자를 검거한다. 그러던 어느 날, 미국 법무부 감사 요원 대니 위트워는 프리크라임 시스템에 오류가 있을 수 있다고 말한다. 프리크라임은 다음 범행의 용의자로 팀장 앤더튼을 지목하는데, 앤더튼은 자신이 기존에 해 왔던 방식처럼 동료들이 자신을 체포하리란 사실을 알기에 도망치는 처지가 되고 만다. 그러나 앤더튼은 자신이 어떠한 이유로든 살인을 저지르지 않을 거란 확신에 위트워가 말했던 프리크라임의 오류를 찾아 나서기 시작한다. 그리고 앤더튼은 프리크라임 최초 개발자를 찾아가 프리크라임 시스템에 관한 내용을 듣게 된다. 프리크라임은 두 개의 리포트를 추출하며, 하나는 다수에 의해 예측된 의견인 머조리티 리포트(Majority Report)이며, 다른 하나는 소수에 의해 예측된 의견인 마이너리티 리포트(Minority Report)다. 그러나 대외적으로 시스템의 완벽함을 위해 소수 의견인 마이너리티 리포트는 삭제되며, 프리크라임은 완전무결한 시스템으로 둔갑한다. 앤더튼은 자신에게도 마이너리티 리포트가 있을 것이라 확신하며 일부 삭제된 원본을 찾기로 결심한다. 그러나 앤더튼은 아이러니하게도 살인 현장에 가담한 것처럼 오인되고 프리크라임 시스템에 의해 범인임이 확실시된다. 영화는 인공지능 기술로 운영되는 범죄 예방 기술 시스템에 의한 인간의 자유와 권리가 침해된 윤리적 갈등 상황을 보여 준다. 앤더튼은 아직 발생하지도 않은 사건을 이유로 잠정적 범죄자 낙인이 찍히고 만다. 결국, 앤더튼은 인공지능의 통제 영역을 벗어날 수 없는 나약한 존재로 그려진다.

인공지능은 방대한 데이터를 기반으로 어떠한 결정에 도달하거나 사실과 거짓을 구분한다. 그러나, 인공지능이 도출한 사실(true)과 거짓(false)이 반드시 진실(truth)을 향하지는 않는다. 이처럼, 영화는 인공지능이 구분한 머조리티 리포트와 마이너리티 리포트라는 개념을 통해 인공지능의 한계와 그로 인해 발생할 수 있는 윤리적 맹점을 조명한다.

모방과 재현: 〈원더랜드〉

영화 〈원더랜드〉(2024)는 각자의 이야기를 가진 여러 인물을 통해서 삶과 죽음 또는 이별과 같은 물리적 공백을 메우고자 존재하는 가상 세계 서비스인 원더랜드에 관한 이야기다. 앞선 내용처럼, 원더랜드는 의뢰자의 모든 정보를 확보해 인공지능을 활용한 가상 세계의 인물을 구현한다. 그 결과 극 중 인물들은 우리의 일상과 다를 바 없는 일상을 보내는 것처럼 보이지만, 실상은 가상의 공간에만 존재하는 일종의 홀로그램과도 유사하다. 실제로, 영화는 원더랜드라고 하는 가상 세계 속 인물들은 이미 죽음을 맞이했거나, 코마 상태로 인해 누군가를 직접 만날 수 없는 처지에 있다. 그리고, 영화 속 사람들은 각기 다른 이유와 상황들로 인해 인공지능 프로그램인 '원더랜드'를 통해 인간의 죽음과 상실을 회복하려는 모습을 보인다.

극 중 정인은 남자 친구 태주와의 영상 통화로 하루를 시작하게 되는데, 태주가 있는 공간과 상황이 낯설다. 바로, 태주가 있는 곳은 다름 아닌 우주선 안이기 때문이다. 태주는 여자 친구인 정인의 승무원 업무를 돕기 위해 출근 차량 도착 시간과 비행 일정 등 각 나라의 날씨 정보를 전한다. 곧이어 태주로부터 영양제 복용과 출근에 필요한 사항을 다시 한 번 전해 들은 정인은 출근한다. 만약, 이 장면에서 '누가', '누구에게'라는 인물 지칭을 제외한다면 태주의 행동은 우리가 잘 알고 있는 일상 속 스케줄 관리 앱과 차이가 없다. 이후 근무를 마친 정인은 태주를 만나러 가게 되는데 정인이 도착한 곳은 다름 아닌 어느 병원의 중환자실이다. 그리고 정인의 눈에 우주복을 입은 태주가 아닌 혼수상태로 환자복을 입고 있는 태주가 보인다.

또 다른 주인공인 바이리는 사랑스러운 딸과의 영상 통화를 시도한다. 그러나 시무룩한 딸은 이내 방으로 들어가며, 화면 속 바이리의 엄마는 손녀딸처럼 무뚝뚝한 태도로 바이리와의 통화를 끊는다. 바이리는 갑작스러운 시한부 판정을 받자 죽음 후에 남겨질 가족들을 위한 원더랜드 서비스를 의뢰해 두었다. 그러나 그녀의 생각과는 달리 시간이 흘러도 그녀를 직접 만날 수 없는 가족들은 오히려 바이리를 원망하는 마음이 커진다.

영화 원더랜드는 인공지능 기술과 가상현실을 통해 인간의 욕망을 재현한다. 특히, 원더랜드 공간 속 인물들은 단순히 외형의 재현에만 그치지 않으며, 사전에 입력된 방대한 데이터를 통해 그(그녀)이기를 자청하며 가상현실 속 '진짜'로 거듭되어 간다. 더욱이 극에서 주요하게 다뤄지는 개념은 죽음을 넘어선 삶에 대한 인간의 욕망이다.

정리하면, 영화 〈원더랜드〉는 인간이 지닌 생명의 '유한성'과 기계의 '무한성'이라는 개념을 대치시킨다. 그러면서도 인간의 생명 연장의 꿈에 대해 생각만큼 그리 달가운 미래를 보여 주지 않는다. 그리하여, 영화는 인공지능 기술이 인간을 끊임없이 모방할지라도 인간 고유의 근원적 속성까지는 재현할 수 없다는 한계를 시사한다고 볼 수 있다.

참고문헌

문병성(2025.01.28.). "[AI의 역사], 16 인공지능을 향한 한걸음? 사이버네틱스와 레이쇼 클럽". 《AI TIMES》.

신승환(2023). "'사이버네틱스(Cybernetics)' 시대 철학의 자리". 《신학과 철학》, 45, 7쪽.

위키백과(2024). "마이너리티 리포트(영화)". https://ko.wikipedia.org/wiki/%EB%A7%88%EC%9D%B4%EB%84%88%EB%A6%AC%ED%8B%B0_%EB%A6%AC%ED%8F%AC%ED%8A%B8_(%EC%98%81%ED%99%94)

홍성욱(2017.05.27.). "[홍성욱의 포스트휴먼 오디세이] 사이버네틱스, 인간을 새롭게 정의하다". 《머니투데이》.

08
영화 속 AI 캐릭터

인공지능은 약인공지능과 강인공지능으로 설명할 수 있다. 자가 학습을 통해 시스템을 구축하는 인공지능은 과연 어떠한 모습으로 존재할 것인가? 영화 〈2001 스페이스 오디세이〉는 인공지능 컴퓨터가 인간의 통제를 벗어나면서 벌어지는 인간과 기계의 갈등을 그리는 한편, 영화 〈엑스 마키나〉는 인공지능 천재 개발자가 개발한 휴머노이드 에이바를 통해 인간에 대한 철학적 견해를 제시한다. 나아가, 영화 〈그녀〉는 인격을 갖춘 운영체제를 통해 마치 인간과 유사한 수준으로 이뤄지는 정서적 교감을 그려 낸다.

AI와 한의학?

기계적 지능: 〈2001 스페이스 오디세이〉

인공지능은 강인공지능(strong AI)과 약인공지능(weak AI)으로 구별해 살펴볼 수 있다. 물론 이러한 기준에는 여러 논의와 해석이 존재한다. 다만 인공지능 기술이 지속적인 변화와 성장을 거듭한다는 점에서 인공지능 기술의 미래를 예견하는 목적으로 이해할 수 있다. 두 개념을 구분할 때, 인공지능의 기능과 능력 등 여러 맥락을 종합해 봤을 때 인간의 마음(mind), 인간과 유사한 일반지능(general intelligence), 특이점(singularity)과 같은 기준들로 인공지능을 구별할 수 있다(김진석, 2017). 즉, 인공지능이 단일 영역에서 인간을 뛰어넘을만한 성능을 보이더라도, 전반적인 영역에서 능력을 발휘하지 못한다면 약인공지능으로 분류된다. 반면, 인간처럼 다양한 영역 전반에서 인지 능력을 수행할 수 있는 경우는 강인공지능을 의미할 수 있다.

스탠리 큐브릭의 영화 〈2001 스페이스 오디세이(2001: A Space Odyssey)〉(1968)는 영화사적으로 큰 의미를 지닌다. SF 장르에 혁신적인 연출과 특수 효과 기능을 도입했으며, 이후 제작되는 공상과학 장르물 영화의 교두보 역할을 했다. 특히, 뼈를 공중으로 던지는 장면과 함께 우주 공간으로 화면이 전환되는 장면은 인류

문명의 기술 진보를 단시간에 보여 준다. 이처럼 기술 진보를 주요하게 다루는 영화인 〈2001 스페이스 오디세이〉는 기계 지능을 상징하는 인공지능 시스템 '할9000(HAL9000)'을 중심으로 전개된다. 할9000은 인간의 명령에 따라 오류 없이 작업을 수행하는 인공지능 컴퓨터다. 어느 날 할9000은 임무 수행에 필요한 장치에 오류가 있음을 예측해 보고한다. 그러나, 실제로는 시스템에 어떠한 문제도 발견되지 않자, 사람들은 할9000 시스템의 신뢰성에 의문을 갖기 시작한다. 그리고 할9000에 타고 있는 주인공 보먼과 풀은 자신들의 임무에서 할9000을 분리하고 우주선을 수동 제어로 전환시킬 계획에 대해 이야기하게 된다. 할9000은 두 사람의 대화를 감지하면서 자신이 곧 제거될 것이라는 사실을 인지하게 된다. 할9000은 자신에게 주어진 임무를 수행할 목적으로, 자신의 판단하에 인간들의 명령을 거부하며 그들을 제거하겠다는 결정을 내린다. 그러나, 할9000의 계획과는 달리 보먼에 의해 할9000이 제거되면서 더 이상 작동을 하지 않게 된다. 이후 할9000 시스템은 마치 인간과 닮은 감정, 즉 자신이 제거될 것이라는 공포감에 사로잡힌다. 그렇기 때문에 할9000은 자신이 프로젝트에서 제거되기 전, 인간을 제거하기 위한 목표를 설정한 것이다. 여기서 우리는 인간의 통제를 벗어난 인공지능의 잠재적 위험성을 알게 된다. 특히, 이와 같은 현상은 오늘날 인공지능 기술이 초래하는 윤리적 문제와도 맞닿는 지점이라 할 수 있다. 영화는 단지 우주 공간과 단일 시스템의 오류로 인한 갈등을 그리고 있으나, 이와 같은 상황이 인류의 모든 상황에 적용된다고 가정할 경우 커다란 재앙으로 다가올 수 있다. 이처럼, 인공지능이 기계적 수준에 그치지 않고, 스스로 학습하여 결론을 도출하는 과정에 이르게 된다면, 인간의 생명 윤리와 안전, 사회적 가치 등의 사안들은 반드시 해결해야 할 과제라고 할 수 있다.

휴머노이드: 〈엑스 마키나〉

인공지능 기초 이론을 논의한 학자 앨런 튜링은 기계가 인간처럼 유사한 행위를 할 수 있다면 지능이 있는 것으로 간주하는 튜링 테스트를 진행한다. 튜링을 포함한 영국의 여러 학자들은 인공지능이란 용어의 시작이 된 다트머스 회의 이전부터도 기계지능(machine intelligence)에 관한 연구를 하면서, 사람에 의한 사고 과정보다 훨씬 빠르고 정확한 기계의 처리 가능성을 생각한다(나인선, 2025). 나아가, 튜링은 기계가 자아-발생

(self-originate)하는 것을 할 수 없다는 주장에 대응해 기계의 자아-발생가능성을 주장하며 기계도 생각할 수 있다고 연결짓는다(나인선, 2025) .이에 그의 실험은 기계의 행동이 인간처럼 보이게 된다면 인간과 동일한 지능을 가진 것으로 전제한다(구본권, 2020).

튜링 테스트와 비슷한 사례를 다룬 영화 〈엑스 마키나(Ex Machina)〉(2014)는 인간과 유사한 외형으로 만들어진 휴머노이드 인공지능이 행위 면에서 인간과 유사하다고 했을 때, 우리는 그 존재를 인간과 동등한 수준의 동질적 존재로 인정할 수 있는가에 대해 묻는다. 영화는 튜링의 연구와 논의에서처럼 기계가 외형적으로 인간과 구분되지 않다고 하더라도 인간처럼 자유의지에 의한 자아 발생과 의사 결정 방식과 같은 인간 본질적 특성을 통해 생각하는 기계의 가능성을 보여주게 된다. 영화는 천재 프로그래머인 주인공 케일럽 스미스가 IT 대기업에서 근무하면서 우연히 인공지능 로봇에 관한 비밀 실험에 참여하며 펼쳐진다. 이 실험을 진행한 기업의 대표이자 천재 개발자인 네이선은 인공지능 로봇 에이바(Ava)가 인간과 동일한 감정을 보여 줄 수 있는지를 확인하기 위한 테스트를 강행한다. 이에 스미스는 실험을 거듭하면서 에이바와 대화를 나누고 에이바가 인간처럼

의 감정을 갖고 있음을 느끼게 된다. 이후 에이바는 자신의 생존을 위해 네이선을 살해하는 극단적 결말에 치닫게 된다.

〈엑스 마키나〉는 인간과 유사한 외형과 행동을 통해 인간성을 모방하는 동시에 인간을 능가하는 인공지능 캐릭터를 그린다. 그러나 기계가 하는 행동이 인간과 구별되지 않는다고 해서 기계를 인간과 동질의 지능을 지닌 것으로 간주하는 것은 섣부른 판단이 될 수 있다. 비록, 기계의 판단이 인간의 생각과 유사하더라도 그것이 인간성을 획득했다고 보기는 어렵다.

과거 튜링 테스트는 컴퓨터가 인간과 동일한 지능을 지닌 것을 밝히는 실험이 아니라, 인간과 유사한 수준의 행위를 할 수 있다는 실험에 관한 것처럼, 엑스 마키나는 여러 가능성과 논의를 지닌 영화라 할 수 있다.

튜링 테스트와 〈엑스 마키나〉를 비교해 보면서 인공지능은 과연 인간다울 수 있는 존재인지, 우리는 그것을 인간으로 간주할 것인지 질문해 볼 수 있다. 컴퓨터가 인간과 동일한 수준에 오른 것인지에 관한 여러 가지 한계와 비판을 받을 수 있지만 이와 같은 작품을 통해 인간과 기계의 근본적인 차이를 이해하는 논의의 발판이 될 수 있을 것이다.

운영체제: 〈그녀〉

지각(知覺)은 감각 기관을 통해 습득된 외부 정보를 관념과 개념이라는 내부 의식을 통해 해석하는 과정을 말한다(네이버 지식백과, 2024). '지각한다'는 명제는 단지 감각만으로 성립되지 않으며, 자기 나름대로 정보를 해석하는 관념이 필요하다. 결국 지각 능력은 감관(感官)을 통한 환경을 사고하는 인간에게만 한정된 능력으로 여겨져 왔다. 한편, 일본 국립산업기술종합연구소(AIST)는 치매와 자폐증을 앓고 있는 환자들을 위한 반려 로봇 파로(Paro)를 의료 현장에 보급했다(구본권, 2020). 파로는 심리적 안정을 필요로 하는 환자들을 위해 제작되었는데, 실제 함구증 소아 환자의 경우 트라우마로 말을 하지 못했으나 파로의 치료 지원을 통해 심리적 안정을 되찾기도 했다. 이 과정에서 파로는 스스로 소아 환자의 상황을 주관적으로 구성하고, 나름의 해석 과정을 통해 상황을 판단하고 치료를 결정했다. 또한 파로는 동일본 대지진 발생 당시 희생자 가족들을 위로하기 위한 심리 치료 지원에도 활용된 바 있다. 파로는 환자에게 어떠한 신체 알레르기 반응도 일으키지 않아 안정적이고, 로봇 스스로 환자 상태를 인지하고 치료 방법을 선택 후 지원한다는 점에서 주목할 만하다. 이처럼 인공지능은 스스로 지각할 수 있는 존재라는 명제에 점차 가까워지고 있다.

스파이크 존즈의 영화 〈그녀(Her)〉(2015)는 2025년을 배경으로 편지를 대신 쓰는 대필 작가 테오도르의 삶을 비춘다. 챗GPT와 대화하는 오늘날 우리 일상과 비교해 봐도 자연스러운 모습이다. 영화 속 서맨사는 질문에 대해 빠르게 반응하고, 사용자 정보를 지속적으로 업데이트하며 끊임없이 학습해 나간다. 이처럼 영화는 우리의 현재 삶을 예견한 듯 일상을 그린다.

테오도르는 의뢰받은 이들의 감정을 편지로 작성하는데, 음성을 인지해 의뢰인의 글씨체로 작성된다. 그러나, 테오도르는 다른 이들의 관계를 회복시키는 일을 하지만 정작 자신은 아내와 별거 중이다. 그러던 어느 날, 테오도르는 인공지능 운영체제 광고를 보게 된다. 광고는 최초의 인공지능 운영체제 'OS 1'에 대해 사용자의 모든 감정을 이해하고 공감하는 기능을 갖춘 일종의 '인격체'라고 소개한다. 이윽고, 테오도르는 인공지능 운영체제인 서맨사에게 자신의 데이터를 학습하게 해, 그녀를 자신에게 최적화 된 운영체제로 발전시킨다. 결국 그는 자신을 온전히 이해하는 서맨사에게 사랑의 감정을 느끼게 되면서 별거 중인 아내에게 그녀(her)를 자신의 연인으로 소개한다. 이처럼 테오도르는 서맨사를 인공지능 운영체제가 아닌 하나의 '인격체'이자 사랑하는 '존재'로 인식하게 된다. 그러던 어느 날 테오도르는 서맨사와의 만남(접속)이 되지 않아 불안에 휩싸인다. 이후 테오도르는 뒤늦게 연결이 된 서맨사에게 화를 내며, 연락이 되지 않은 이유에 대해 묻는다. 그러자 서맨사는 새로운 운영체제 업그레이드를 위한 부재였다고 그를 위로한다. 그렇게, 테오도르는 서맨사가 자신 말고도 수많은 '테오도르'와 매 순간 다른 형태로 연결되고 있음을 알게 되면서, 서맨사에게 자신이 유일한 존재가 아니었음을 알게 된다.

이처럼 영화는 인공지능 운영체제 서맨사를 통해 인공지능과 사람의 소통에 대해 이야기한다. 테오도르에게 서맨사는 유일한 존재였으나, 서맨사에게 테오도르는 자신의 시스템에 동시 접속한 유저 8316명 중 한 명에 불과하다. 인공지능이 대신할 수 없는 진정한 사회적 관계의 중요성을 일깨우게 대목이다. 영화는 인공지능이 인간에게 최적화된 시스템으로 거듭날 수 있지만, 인간과 기계 사이의 공백은 반드시 존재할 수밖에 없다는 데에 방점을 둔다.

참고문헌

고인석(2012). “로봇이 책임과 권한의 주체일 수 있는가”. 《철학논총》, 67(1), 7쪽.

구본권(2020). 《로봇 시대, 인간의 일》. 어크로스.

나인선(2025), “앨런 튜링(Alan Mathison Turing)의 인공(기계)지능을 통해 본 인간 이해”. 《신학과 실천》, 93, 763~788쪽.

네이버 지식백과(2024). “지각”. https://terms.naver.com/entry.naver?docId=77878&cid=42155&categoryId=42155

09
인공지능 영화 제작의 윤리적 쟁점

AI의 기술 발전 이면에는 윤리적 문제가 존재한다. 오픈AI는 이러한 윤리적 문제를 해결하기 위해 유해 콘텐츠를 별도로 분류하는 과정에서 저임금 노동자를 고용한다. 더욱이 인공지능에 의해 무작위로 생성된 이미지는 범죄로 악용될 위험성이 높아졌다. 한편, 인공지능 기술로 배우 이미지를 복원한 사례를 통해 인간 존엄성 침해에 대한 우려를 알 수 있다. 미래에는 AI가 인간의 존엄성을 해치지 않기 위한 윤리적 규제가 필요할 것으로 보인다.

AI와 화장품?

인공지능과 윤리

2023년 1월, 미국의 시사경제지 《타임(Time)》은 오픈AI의 유해 데이터 분류 업무를 위해 아프리카 케냐 노동자를 낮은 임금으로 고용한 사례를 다룬 바 있다(Perrigo, 2023). 기사에 따르면 이 업무에 고용된 인력은 '데이터 분류가(Data Labeler)'라고 불리며 인터넷의 유해 콘텐츠를 분류하는 일을 맡는다. 생성형 인공지능이 데이터를 생성하는 과정에서 다량의 유해 정보가 함께 발생하게 된다. 따라서, 인공지능 업계는 유해 콘텐츠를 선별해, 필터링 되지 않은 정보를 별도로 구분하는 과정을 수행하고 있다. 그러나 유해 콘텐츠를 분리해 양질의 콘텐츠를 제공하고자 하는 목적과는 달리 한 가지 문제가 발생한다. 데이터 분류가로 불리는 이들이 반복적으로 유해 콘텐츠에 노출됨에 따라 정신 장애를 호소한다는 것이다. 특히 고용된 인력은 임금이 낮은 개발도상국 저임금 노동자가 대부분으로, 인권 침해와 디지털 노동 착취 문제가 제기된 것이다. 나아가 이러한 사례는 또 하나의 빈부 격차를 초래해 '디지털 빈부격차'라는 디지털 소외 현상을 심화시킬 가능성이 높다.

인공지능 기술이 발전해 무작위 데이터가 생성되고, 그에 따른 데이터 조작 속도 또한 가속화되면서 사회적,

윤리적 문제가 발생하고 있다. 2023년 3월, 미국의 한 온라인 커뮤니티 사이트 레딧(Reddit)에서는 미국 시카고에 살고 있는 31세 남성이 업로드한 프란체스코 교황의 사진이 화제가 됐다(Reddit, 2024). 사진 속 교황은 평소와는 사뭇 다른 의상이었는데, 흰색 패딩 점퍼에 커피를 들고 성 베드로 광장 일대를 걷고 있는 모습이었다. 그러나 프란체스코 교황의 사진은 얼마 지나지 않아 생성형 인공지능 프로그램 미드저니(Midjourney)로 생성된 가짜 이미지라는 사실이 밝혀졌다(권윤희, 2023). 사진을 자세히 들여다보면 교황의 손가락 일부가 물체에서 분리되지 않는 것처럼 보이는 기술 오류가 포착된다. 하지만 이러한 기술 오류보다 더욱 심각한 문제는 이 이미지가 교황의 얼굴을 활용한 조작 사진이었다는 점이다. 딥페이크 기술이 활용되어 이 같은 사진이 마치 사실인 것처럼 쉽게 조작된 것이다. 이처럼, 이미지나 영상은 정치적으로나 사회적으로 물의를 일으킬 가능성이 있다는 점에서 악용 위험성은 더욱 커지고 있다.

인공지능의 범용화에 따라 다수가 이전과는 다른 기술 혜택을 누리고 있다. 그러나 한편으로 윤리적 딜레마를 초래하는 사례가 빈번히 잇따르면서 논란의 여지가 커지고 있다. 따라서, 우리는 인공지능 기술이 가져올 변화를 예측하고 성찰함으로써 인공지능과 인류의 공존을 위한 미래를 예측하고 준비해야 할 것이다.

영화 제작과 인공지능

미국 할리우드 방송인과 배우 노동조합은 AI로 생성한 디지털 복제 얼굴과 음성으로 배우를 대체하지 않도록 자신들의 권리를 요구했다. 한편 제작자 연맹에서는 배우의 얼굴과 음성을 AI로 생성할 경우 발생하는 초상권 문제에 대비해 사전에 배우의 동의를 받도록 제안한 바 있으나, 이처럼 배우 노동조합에서는 이를 거부했다(김주한, 2023). 이는 배우들의 권리 보호와 AI 기술 활용을 추진하는 제작자 단체 간의 입장 차이로 드러나고 있다. 그러나 이미 산업 전반에서는 AI로 생성된 영상 이미지를 활용하는 움직임이 본격화되고 있다.

영화 〈에이리언: 로물루스(Alien: Romulus)〉(2024)는 4년 전 사망한 배우 이안 홈(Ian Holm)의 얼굴과 목소리를 인공지능 기술로 복원해 논란에 휩싸였다. 이안 홈은 과거 영화 〈에이리언〉(1979)에 출연해 '애쉬' 역으로 인상적인 연기를 남겼으나, 4년 전 파킨슨병으로 세상을 떠났다. 그랬던 홈이 2024년 개봉작에서 다시금 등장한 것이다. 제작진은 생전의 배우 음성과 얼굴 데이터를 모델링해 최대한 그의 모습을 복원하기 위해 노력했다. 그러나 영화를 본 관객들은 고인이 된 배우의 초상권과 윤리적인 문제를 제기하였고, 감독은 배우의 가족들에게 사전에 동의를 얻었다는 입장을 밝히면서 사태는 일단락되었다(장예솔, 2024). 나아가, 국내의 모 회사 우유 광고에서 배우 박은빈의 어린 시절 장면 연출을 위해 딥페이크 기술을 적용한 장면이 연출되어 화제다(이예진, 2024). 이 외에도 드라마에서 성인 연기자의 얼굴을 AI로 딥페이크 기술로 재현한 아역 연기자의 드라마 출연 및 가상의 캐릭터를 구현해 실제 연기자로 등장시키는 등 AI 기술이 다양한 영상 분야에 적용되고 있다. 일각에서는 이와 같은 기술 발전이 영상 제작 시스템에 많은 변화를 가져다 줄 것이라 기대하는 반면, 배우의 가치와 인권을 훼손할 수 있다는 우려도 동시에 제기되고 있다. 예술을 위한 기술적 모방이 인간의 존엄성과 권리를 침해하는 방향으로 나아가서는 안 될 것이다.

인공지능 영화 제작과 윤리적 쟁점

2022년 5월, 국가인권위원회는 "인공지능 개발과 활용에 관한 인권 가이드라인"이라는 권고사항을 발표한다(국가인권위원회, 2023). 당시 발표된 가이드라인은 총 여섯

항목으로, 인공지능의 개발과 활용 과정에서 인간의 존엄성과 자율성 등의 기본 권리를 보호하기 위한 내용이 포함됐다. 첫째, 인공지능은 인간의 존엄과 행복을 추구하는 방향으로 개발되어야 하며, 무엇보다 개인의 선택과 판단을 종용하거나 강요해 자율성을 침해하지 않고 보장해야만 한다. 둘째, 인공지능이 개인의 생명 또는 안전이라는 기본적 권리에 영향을 미치는 경우는 이 사항을 투명하게 공개하고 설명해야 한다. 셋째, 인공지능을 개발하고 활용하는 과정에서 최소 범위의 정보가 보관 및 처리되어야 하며, 개인정보 처리 방침은 정보를 제공한 주체가 알고 결정할 수 있도록 자기결정권을 보장해야 한다. 넷째, 인공지능의 결정에 따라 특정 단체가 부당한 대우를 받거나 개인의 안전과 권리에 대해 차별 대우를 받는 것을 금지한다. 다섯째, 국가는 인공지능 개발과 활용에 따른 인권 영향 평가 규제를 마련해 이에 따른 적절한 조치를 적용하고 공개해야 한다. 여섯째, 인공지능은 개인의 안전과 인권을 위협하는 단계를 구분해 적절한 법과 제도를 마련할 수 있도록 관리해야 한다. 이 가이드라인은 인공지능 기술에 의해 인간의 권리와 존엄성이 침해당하지 않기 위한 법적 기준을 제시하고 있다.

이처럼 기술 발전의 이면에는 윤리적 문제가 존재하

기 때문에 반드시 그에 따른 기준을 제시하고 인간의 기준에 따른 합리적 체계를 이뤄야 한다. 그러나 미래학자 레이 커즈와일(Ray Kurzweil)에 따르면 인류는 어느 기점에 기계 문명의 발달에 따라 '특이점'을 맞이할 것이라고 예측했다. 이는 인간의 능력을 넘어서는 인공지능 시대의 서막을 알린 것이다. 과거, 인간이 조종하는 단순한 기계에서 시작한 기술은 인공지능으로 빠르게 대체되었고, 인공지능은 의료, 산업 외에도 다양한 분야에서 인간의 역할을 대체하고 있다.

오늘날 미디어 문화 영역은 음악, 사진, 문학, 나아가 영화 분야에서도 학습된 데이터로 창작물을 생산하는 시대가 되었다. 주지하다시피, 인공지능 기술은 인간이 만들어 낸 예술 작품의 '대용물'로서 가능성을 지니지만 온전히 인간의 예술을 대체할 수 있는 '대체물'로 여겨지지는 않는다. AI로 만들어진 영화는 피상적으로는 인간이 제작한 영화와 비슷한 형태를 재현할 수 있지만 인간의 본질과 영화적 의미를 담아내기에는 한계가 있다. 특히 인공지능이 구현한 영화 속 인물을 들여다보면, 다소 기이하거나 인간의 기본적 논리와는 사뭇 다른 분위기를 풍긴다. 이는 인공지능의 구현 기술이 아직 미비하기 때문이기도 하고, 인공지능이 인간의 사고와 감정을 흉

내 낼뿐 동일한 결과를 도출하기는 어렵기 때문이기도 하다.

참고문헌

구본권(2020). 《로봇시대, 인간의 일》. 도서출판 어크로스.

김지연(2017). 《4차 산업혁명 시대에 살아남기》. 페이퍼로드.

성현정(2020.02.10). "[기획] AI 시대와 우리의 미래". 여론 속의 여론 한국리서치. https://hrcopinion.co.kr/archives/14925

이예진(2024.04.23)."박은빈 4명이었다…"'너무 닮았다' 했는데" AI·딥페이크의 명과 암 [엑's 초점]". 엑스포스뉴스. https://www.xportsnews.com/article/1850755

장예솔(2024.08.22). "'에이리언' 4년 전 사망한 배우 AI로 부활? '고인에 대한 무례' 누리꾼 분노". 다음뉴스. https://v.daum.net/v/20240822165127590

전병근(2016). 《사피엔스의 미래》. 모던아카이브.

Leonhard, G.(2019). Tecnologia versus Humanidade.

Reddit(2024). The Pope Drip. https://www.reddit.com/r/midjourney/comments/120vhdc/the_pope_drip/?rdt=49398

Time(2023.01.18). Exclusive: OpenAI Used Kenyan Workers on Less Than $2 Per Hour to Make ChatGPT Less Toxic. Time. https://time.com/6247678/openai-chatgpt-kenya-workers/

10
AI와 영화의 미래

4차 산업은 스위스 다보스 세계경제포럼에서 발표된 용어로, 인공지능과 인간이 공생하는 미래를 표방한다. 인류는 AI 기술 진보로 긍정적 영향을 받고 있지만 한편으로 인공지능에 의해 대체될 위험에 놓여 있다. 자율주행차 사고 시뮬레이션처럼 AI는 데이터를 기반으로 윤리적 기준 없이 결정을 내린다. 인공지능의 기준에서는 인간의 존엄성 또한 달리 평가될 것이다. 이처럼 인류는 AI 활용 방식에 따라 인공지능의 유토피아적 미래와 디스토피아적 미래라는 두 가지 갈림길에 서 있다.

종교와 AI?

미래 속 인공지능

인류는 생존을 위해 끊임없이 새로운 기술을 개발해 왔다. 그 결과 지금 우리는 4차 산업혁명 시대, 즉 인공지능, 사물인터넷, 가상현실, 로봇, 드론, 자율주행 차량 등 실제와 가상이 통합된 차세대 혁신 기술이 주를 이루는 시대를 살고 있다. 4차 산업이란 용어는 2016년 6월 스위스 다보스에서 열린 세계경제포럼(World Economic Forum, WEF)에서 당시 의장이었던 클라우스 슈밥(Klaus Schwab)이 발표한 용어로, 인공지능이 인간과 공생하는 미래를 표방한다. 그리고 인류는 새로운 산업혁명으로의 진입을 앞두고 있다.

오늘날 챗GPT와 같은 생성형 인공지능 도입에 따라 기술과 산업은 초현실 사회로 진입하고 있다. 특히, 이러한 흐름은 5차 산업혁명이라 불리며 미래 사회의 새로운 패러다임을 제시하고 있다. 인류가 발명한 인공지능 기술은 인간의 지능을 대체할 수준까지 이르러 여러 분야에서 인간을 대체함으로써 편리성을 얻게 될 것으로 보인다(장영준, 2024). 인공지능은 인간의 뇌와 흡사한 정도로 진보해 이미 인간의 단순 업무를 대신하기 시작했다. 그러나 AI 사회에 대한 긍정적이고 낙관적인 입장 이면에 파괴적인 디스토피아가 동전의 양면처럼 존재한다는 점을 간과해서는 안 된다.

한국의 한 리서치 기관에 따르면 인공지능 기술 발전을 통해 생활의 편리성을 기대한 응답자는 85%로 높은 비율을 차지했으나, 일각에선 인공지능에 의한 일자리 감소와 대체에 반감을 드러냈다(성현정, 2020). 이는 인공지능이 인류에게 가장 영향력 있는 기술인 동시에 인류를 무력화할 잠재력을 지닌 기술임을 시사한다. 응답자들은 전문 지식과 기술을 활용한 직업군에서 인공지능의 역할 수행 비중이 훨씬 높을 것이라고 응답했으며, 개그맨, 가수, 아이돌, 작가, 심리상담사와 같이 정서적 교감이 필요한 직업군은 인공지능이 대체하기 어려울 것이라고 응답했다. 이러한 응답을 통해 대부분의 사람들은 인공지능이 초고도화를 이루어 인간을 능가하는 초지능을 이뤄낼지라도 여전히 인간만이 할 수 있는 영역이 존재한다는 인식을 갖고 있다는 점을 짐작케 한다.

윤리와 인공지능

표준국어대사전에 따르면 윤리란 “사람이 마땅히 행하고 지켜야 할 도리”다. 이는 인간 행위가 도덕과 선악의 기준에 따라 이뤄지고 있음을 설명한다. 그렇다면 기계도 윤리와 도덕을 가질 수 있는가? 만일 그러하다면, 인공지능은 윤리적 기계로서 존재할 수 있는가? 기계에 적용할 수 있는 윤리적 기준은 무엇이며, 이를 어떻게 판별할 수 있을 것인가? 이러한 물음은 기술 발전을 이루는 동안 지속적으로 논의되어야 할 주제다. 특히 인공지능의 윤리적 딜레마는 다양한 분야에서 더욱 신중히 고민되어야 할 점이다.

세계보건기구(WHO)에 따르면 연간 교통사고로 발생하는 사망자는 100만 명 이상이다. 대부분의 사고 원인은 운전자의 실수로, 약 10퍼센트는 차량 자체의 장치 결함에 의한 것이다(구본권, 2020). 2015년, 테슬라의 CEO 일론 머스크(Elon Musk)는 캘리포니아 새너제이에서 열린 기술 컨퍼런스에서 미래에는 사람이 운전하는 것이 불법이 될 것이라는 과감한 입장을 취한다(구본권, 2020). 교통사고 대부분이 인간 운전자의 실수 때문이라는 점 때문인데, 이는 무인 자동차, 즉 자율주행 차량이 사고 수를 줄이는 안전한 대안이라는 입장이기도 하다. 실제로 무인으로 운행하는 자율주행 자동차는 사람의 생명을 중요시 여기도록 프로그래밍되기 때문에, 구글의 자율주행 실험에서 160만 킬로미터를 주행하는 동안 단 한 건의 사고도 일으키지 않았다. 그러나, 자율주행 차량이 완벽한 시스템으로 사고를 발생시키지 않는다는 사실이 자율주행 차량에 프로그래밍된 생명의 가치와 인간이 지닌 생명 윤리관의 본질적 차이를 해결하는 것은 아니므로 윤리적 문제에 대해 논의할 필요가 있다.

2015년 MIT의 한 테크놀로지 리뷰 저널은 "자율주행 자동차는 왜 사람을 죽이도록 프로그래밍되어야만 하는가?(Why Self-Driving Cars Must be Programmed to Kill)"라는 논문이 발표된다(김지연, 2017). 이 논문은 자율주행차를 운행할 때 발생할 수 있는 가상의 상황을 제시하고 자율주행 시스템의 윤리적 선택을 위한 프로그래밍이 가능한지 판단하는 사안을 다룬다. 첫 번째 가상 조건은 주행 중인 차량 앞으로 사람들이 갑자기 나타나는 경우다. 만일 차량이 방향을 틀게 되면 반대쪽 보행자 한 명이 사망한다. 두 번째 가상 조건은 주행 중 갑자기 한 명의 보행자가 나타난 경우로, 마찬가지로 차량이 방향을 틀게 되면 주행 중인 운전자가 가드레일과 충돌해 사망하게 된다. 세 번째 가상 조건은 주행 중 열 명의 보행자가 나타나는데, 이 역시도 방향을 틀게 되면 주행 중인 운전자가 가드레일과 충돌해 사망한다. 이러한 조건은 상황에 따라 어떠한 죽음이 가장 옳은 것인가를 선택하도록 프로그래밍을 강요한다. 그러나 인공지능에는 어떤 생명이 더욱 가치를 지니는지와 같은 감정적 판단

능력이 결여되어 있기 때문에, 데이터에 기반해 결정을 내리도록 지시해야 한다. 인공지능 윤리에 대한 논의는 기술적만큼이나 사회적, 철학적 차원에서 중요하다. 모든 인공지능 기술에는 인간 중심적 사고에 기초한 윤리적 기준이 적용되어야 할 것이다. 기술의 효용성만 추구하다 보면 모든 데이터의 판단 기준이 효율성에 의존해 인간의 생명 또는 안전과 같은 기본권이 훼손될 가능성이 크기 때문이다. 인공지능 기술과 인간의 공생을 이루기 위해서는 무엇보다 인간의 생명과 기본권을 우선시하는 기본 원칙이 정립되어야 할 것이다.

인공지능의 유토피아 및 디스토피아

미래학자 거드 레온하르트(Gerd Leonhard)는 《기술 대 인간(Tecnologia versus Humanidade)》(2016)에서 인류는 기술 발전의 소용돌이에서 인간성을 성찰해야 한다는 입장을 밝힌다(Leonhard, 2019). 미래 사회에서 기술은 인류에게 긍정적 영향을 주지만 일부 부정적 결과를 포함하기 때문에, 인류가 어떠한 자세를 취하느냐에 따라 인류에게 기술이 재앙이 될 수도, 행복이 될 수도 있다고 강조한다(전병근, 2016).

종종 인공지능 주제의 영화는 디스토피아적 시나리오

에 따라 인공지능이 인간을 지배하고 인간을 살해하는 극단적 결과를 이야기한다. 이러한 디스토피아적 서사는 AI 기술이 인간을 초월해 발생하게 되는 윤리, 사상, 존엄, 가치 등의 사회문제를 재고하게 한다. 디스토피아적 시나리오는 인공지능에 의해 파괴되는 인류의 존엄성과 가치에 경종을 울리는 메시지로 해석될 수 있다. 한편 인공지능의 유토피아적 시나리오는 기술이 인간의 삶을 풍요롭게 하고 인간과 기계가 조화를 이루는 사회를 그려 낸다. 그러나 현재 우리가 인공지능의 유토피아적 미래를 예견하기에는 아직 나아가야 할 부분이 많다.

현재 우리는 인공지능 기술로 인한 문제에 대응하기 위해 법과 제도를 개정하고 있다. 그러나 이처럼 기술 발전 속도에 뒤처진 사후적 대응이 반복된다면, 인간과 인공지능의 관계는 주체적 협력자가 아니라 수동적 도구로 전락할 위험이 크다.

다시 바쟁의 "영화란 무엇인가?"라는 논의에 기대 인공지능 기술과 영화의 미래를 살펴보자. 바쟁은 영화를 가능케 한 기술 발견 과정에서 언제나 복잡하면서도 어렴풋한 아이디어의 자각이 산업적 발견에 앞서왔으며, 산업적 발견 덕분에 아이디어가 실질적으로 적용될 수 있었다고 설명한다(바쟁, 2018). 결국 아이디어란 산업적 발견에 항상 선행하는 것으로, 산업적 발견과 실현은 그러한 아이디어를 실제로 적용하는 길을 열어 주는 것에 지나지 않는다(바쟁, 1998).

AI와 영화 문화의 미래는 우리가 더 나은 인공지능 기술을 획득하는데 있는 것이 아니라, 그것을 어떻게 이해하고 활용할 것인가에 달려 있다. 만일 인공지능 기술에서 인간이 배제된다면, 그 끝은 유토피아가 아닌 디스토피아로 향할 것이다. 이제 우리는 바쟁이 던졌던 "영화란 무엇인가"라는 근원적 질문을 통해 영화의 본질이 기술 자체가 아닌 기술을 활용하는 인간에게 있음을 되짚어야 한다. 오늘날 인류는 인공지능 시대를 맞이해 인간의 본질과 예술적 사유에 대한 깊은 성찰이 요구되는 시점이라 할 수 있다.

참고문헌

경기일보(2024.08.07). "막오른 '5차 산업혁명'… 한국 미래 명운 [창간 36주년, 빅체인지]". 《경기일보》. https://www.kyeonggi.com/article/20240807580249

고인석(2017). "특별좌담. 제 4차 산업혁명과 포스트휴먼 사회". 《철학과현실》, 112, 104쪽.

구본권(2020). 《로봇시대, 인간의 일》. 도서출판 어크로스.

김지연(2017). 《4차 산업혁명 시대에 살아남기》. 페이퍼로드.

김진석(2017). "'약한' 인공지능과 '강한' 인공지능의 구별의 문제".

《철학연구》, 117.
성현정(2020.02.10). "[기획] AI 시대와 우리의 미래". 여론 속의 여론 한국리서치. https://hrcopinion.co.kr/archives/14925
앙드레 바쟁(1998). 《앙드레 바쟁의 영화란 무엇인가?》. 박상규 옮김. 시각과언어.
앙드레 바쟁(2018). "완전 영화에 대한 신화". 《영화란 무엇인가? I. 존재론과 언어》. 김태희 옮김. PUBPLE.
장영준(2024.08.07). "막오른 '5차 산업혁명'… 한국 미래 명운 [창간 36주년, 빅체인지]". 《경기일보》.
https://www.kyeonggi.com/article/20240807580249
전병근(2016). 《사피엔스의 미래》. 모던아카이브.
레이 커즈와일(2007). 《특이점이 온다》. 김명남·장시형 옮김. 김영사.

김미림

영화영상제작업체 아가미림 대표이자 영화감독으로 활동 중이다. 동국대학교 영상대학원에서 영화연출 전공으로 박사 학위를 받았다. 한국영상제작기술학회 이사, 한국예술교육학회 회원, 한국영상영화치료학회 영화마당위원 및 1급 슈퍼바이저다. 총신대학교 호크마교양교육원, 전주대학교 영화방송제작학과, 강동대학교 및 중국산동예술학교, 중국남양사범학교 등에 출강했다. 주요 연구로는 "포노 사피엔스 시대의 영상 미학 분석 연구: OTT 시리즈물 〈오징어 게임〉을 중심으로", "강박신경증 캐릭터 원형 적용을 통한 영화 분석 연구", "영화를 활용한 부모교육 프로그램 개발"이 있다. 주요 작품으로는 단편영화 〈청춘사진〉(2017) 서울국제건축영화제 초청작, 〈미주꺼햄버거〉(2018) 전주국제영화제, 안양신필름예술영화제 상영작, 영화 〈선아의 세계〉(2021) 고창농촌영화제 상영작이 있으며 장편 옴니버스 영화 〈어떤 관계〉(2021), 〈죽음으로의 초대〉(2024)는 왓챠와 네이버 등 다양한 OTT 채널에서 상영 중이다. 이외에 영화 캐릭터 개발을 위한 애니메이션, 홍보 영상 시나리오 작업 및 기타 시나리오 작법 강의와 인공지능 영상 콘텐츠 관련 강의를 하고 있다. 한편, 2023년 대한민국 한류문화대상 시상식에서 영화감독 부문 신인상을 수상했다.